Zukunft gestalten

Rudolf Steiner

ZUKUNFT
GESTALTEN

Ein Grundkurs in Apokalyptik, Bd. 2A

Archiati
Verlag

Der Wortlaut der im Archiati Verlag gedruckten Vorträge Rudolf Steiners geht auf die ursprünglichen Klartextnachschriften und Erstdrucke zurück, unter Berücksichtigung der danach erfolgten Veröffentlichungen.

1. Auflage Januar 2010
(1. bis 2. Tausend)

Herausgeber: Archiati Verlag e. K., Bad Liebenzell
Redaktion: Pietro Archiati, Bad Liebenzell
Korrektorat: Heinrich u. Krystyna Franzen, Dinslaken
Zeichnungen: nach den Tafelzeichnungen R. Steiners
Druck: Memminger MedienCentrum, Memmingen

ISBN: 978-3-86772-009-0

Archiati Verlag
Burghaldenweg 37 · D-75378 Bad Liebenzell
Telefon: (07052) 935284 · Telefax: (07052) 934809
anfrage@archiati-verlag.de · www.archiati-verlag.de

Inhaltsverzeichnis

Neun Vorträge, gehalten in Dornach
vom 5. bis 13. September 1924

5

8

BAND 2B

Vorwort

Im letzten Monat seiner Vortragstätigkeit, im September 1924, hält Rudolf Steiner diese Reihe von Vorträgen vor Theologen. Seit einigen Jahren hatte er ihnen beigestanden, um eine Bewegung für religiöse Erneuerung ins Leben zu rufen. Er erklärte ihnen, dass er als Außenstehender eine Hilfe leistet, die vielleicht nur die Geisteswissenschaft leisten kann. Seine Anregungen gingen vor allem dahin, seine evangelischen Zuhörer auf die Wichtigkeit des Sakramentalen mit seinem Brennpunkt in der christlichen «Wandlung» hinzuweisen. Diese Wandlung besteht darin, dass der Sonnengeist in der Innerlichkeit des Menschen die Schöpfung des Vatergottes, das Reich der Naturnotwendigkeit, in der zweiten Hälfte der Entwicklung in ein Reich der Geistesfreiheit «verwandelt».

In einer Zeit, in der die christliche und die islamische Kultur zunehmend miteinander in Berührung kommen, kann es manchen befremden, was Rudolf Steiner über die Beziehung zwischen Christentum und Islam ausführt. Diese zwei Religionen werden als unversöhnliche Gegensätze dargestellt. Wenn konsequent gelebt, so der Kerngedanke Rudolf Steiners, würden sie die Menschheit in zwei entgegengesetzte Richtungen führen – mit weitreichenden Folgen für das Leben des einzelnen Menschen und für das soziale Miteinander. Dabei ist wichtig zu beachten, dass nicht das historisch real gewordene Christentum gemeint ist, sondern jenes ursprüngliche Christentum, das in der Apokalypse dargestellt wird.

Die Kernfrage dieser Auseinandersetzung ist die Frage der menschlichen Freiheit: Waltet im Menschen nur Naturnotwendigkeit, oder kann der Mensch in seinem Denken, in seinem Wollen und Handeln, neben dem Wirken der Natur eine eigene Wirksamkeit entfalten, in der er zunehmend das freie Schaffen des Geistes erlebt?

Rudolf Steiner sieht das Wesen des Christentums im Wirken des göttlichen «Sohnes» im Inneren des Menschen. Dieses Wirken ist ein ganz anderes als das allmächtige Wirken des göttlichen «Vaters», das sich in allen Naturkräften äußert. Der Sohn macht jeden Menschen fähig, kraft einer zunehmenden Verlebendigung des Denkens die freie Schöpferkraft des Geistes immer tiefer zu erleben. Der Islam kennt hingegen nur eine Art von göttlicher Führung, nur Gott den Vater – Allah –, der mit Allmacht, mit Naturnotwendigkeit in allen Erden- und Menschenkräften wirkt. Allah hat keinen Sohn, heißt es im Koran.

Das herkömmliche Christentum ist ein Christentum des «Glaubens» gewesen. Es glaubt, dass die Schaffenskraft des Geistes nur in Gott vorhanden ist. Der Mensch selbst ist und bleibt in allen geistigen Dingen im Wesentlichen von der göttlichen «Gnade» abhängig. Die Kirche hat den Gedanken kulturprägend gemacht, dass der Mensch nur aus «Körper und Seele» besteht. Diese Seele gibt es nicht vor dem Entstehen des Körpers, sie wird erst nach der Zeugung von Gott geschaffen. Dies heißt aber: Nicht der Mensch ist verantwortlich für die Entwicklungsstufe, auf der sich seine Denk- und Willenskräfte in diesem Leben befinden, sondern das Wirken der Gottheit oder der Naturkräfte in ihm.

So gesehen ist der Unterschied zwischen dem traditionellen Christentum und dem Islam denkbar gering. Beide können in dieser allerwichtigsten Frage als gleichwertig betrachtet werden. Dies mag wiederum die von vielen geforderte gegenseitige Toleranz verständlich machen. Das herkömmliche Christentum hat wahrhaft wenige Gründe, sich dem Islam überlegen zu fühlen. Der Islam und das bestehende Christentum haben beide gleichermaßen in der materialistischen Weltanschauung der Naturwissenschaft ihre folgerichtige Fortsetzung gefunden.

Rudolf Steiners Geisteswissenschaft tritt für das ursprüngliche, wahre Christentum ein, dessen Kernaussage ist: Jeder Mensch ist zum freien Schaffen im Geist berufen. Ein solches Eintreten erfolgt weniger aus theoretischen Wahrheitsgründen als aus der Überzeugung, dass Wahrheit und Irrtum eine entscheidende Rolle im Leben des Menschen spielen. Gedanken entscheiden über Handlungen, die in ihrer aufbauenden oder zerstörerischen Wirksamkeit sachlich erkannt werden können – und auch müssen, wenn man verantwortlich mit all dem umgehen will, was den Menschen aufbaut oder zerstört.

Um Menschenerkenntnis aber ernst zu nehmen, muss der Mensch die Kraft finden, in Bezug auf die Wahrheit, auf das denkende Erfassen der objektiven Wirklichkeit, keine Scheintoleranz gelten zu lassen. Toleranz soll der gleichen Würde aller Menschen gelten, nicht aber der Wahrheit oder dem Irrtum, wodurch der Mensch das Objektive der Wirklichkeit richtig oder falsch auffasst. Denn danach richtet er sein Handeln, mit fördernden oder schädigenden Folgen für sich und die anderen. Toleranz darf nicht jenen Taten gegenüber gelten, deren Wirkungen für den Menschen zerstörerisch sind.

Als ein Beispiel kann das gerade Erwähnte angeführt werden: Entweder ist es objektiv wahr, dass die Freiheit des Menschen eine bloße Illusion ist, oder es ist objektiv wahr, dass jeder Mensch die Fähigkeit hat, neben dem notwendigen Wirken der Naturkräfte durch innere Entwicklung immer mehr Geistesfreiheit zu erringen. Über diese Kernfrage kann man streiten, man kann darüber entgegengesetzte Meinungen haben. Aber kein Mensch wird vernünftigerweise behaupten können, dass beide erwähnten Aussagen gleichzeitig objektiv wahr sind, dass beide gleichzeitig die objektive Wirklichkeit des Menschen wiedergeben. Sie schließen sich gegenseitig aus. Eine von beiden muss wahr, die andere falsch sein.

Der Relativismus gründet auf dem Dogma, dass es entweder keine objektive Wahrheit gibt oder, falls es eine gibt, sie nicht erkannt werden kann. Dies widerspricht aber dem Wahrheitsbegriff der Naturwissenschaft, wonach «Wahrheit» das menschliche Erfassen der Wirklichkeit nach Wahrnehmung und Denken ist. Jede Wirklichkeit ist objektiv so, wie sie jeweils ist, ihre «Wahrheit» ist immer eine objektive, eine allgemeingültige, die denkerisch erkannt werden kann, wenn Wahrnehmung vorliegt. Die Grundannahme des Relativismus kann also nur die sein, dass alles Übersinnliche, alles Geistige nicht wahrgenommen werden kann – zu keiner Zeit und von keinem Menschen. Diese Annahme ist aber grundsätzlich weder «verifizierbar» noch «falsifizierbar» und deshalb schlechthin unwissenschaftlich.

Es muss andererseits zugegeben werden, dass die Denkkraft, wodurch ein Aristoteles, ein Thomas von Aquino oder ein Hegel die Gewissheit hatten, rein durch das Denken objektive Wahrheit erfassen zu können, von Jahrhundert zu Jahrhundert in der Menschheit immer geringer geworden ist. Aus diesem Grund ist das andere Kriterium in Bezug auf die Wahrheit immer wichtiger geworden: das der Wahrnehmbarkeit. «Wahr» ist dann für den Menschen jede Überzeugung, die wahrnehmbar ihn aufbaut und so handeln lässt, dass sein Wirken fördernd auf die anderen einwirkt; «unwahr» ist jede Überzeugung, die den Menschen selbstzerstörerisch handeln lässt.

Das Wahre und das Irrtümliche werden so für den modernen Menschen, dem der Geist nicht mehr wahrnehmbar oder konkret ist, durch das Kriterium des Gesund- und des Krankmachenden konkret gemacht. Was der Mensch heute nicht mehr unmittelbar geistig fassen kann, soll er anhand der Wahrnehmung der sichtbaren Folgen der menschlichen Gedanken im Leben erfassen. Was für den Menschen gut ist, ist in dem Sinne «wahr», dass es seinem Wesen entspricht, dass es ihn aufbaut. Das Wahre und das Gute werden auf diese Weise zu ihrer ursprünglichen Einheit zurückgeführt.

Wenn immer mehr Menschen der Meinung sind, dass die Freiheit eine Illusion ist, wird es immer weniger Menschen geben, die nach wahrer innerlicher Freiheit streben. Im Sozialen hat dies unweigerlich zur Folge, dass es immer mehr innerlich unerfüllte, unzufriedene Menschen geben

15

wird. Das depressive oder aggressive Verhalten wird immer bedrohlichere Ausmaße annehmen müssen. Dies liefert den Nachweis, dass die Toleranz gegenüber dem Irrtum in Bezug auf die Natur des Menschen einem Tolerieren oder gar einem Fördern der Selbstzerstörung gleicht.

Das Christentum hat laut Rudolf Steiner seit dem 4. Jahrhundert die Wahrheit über das Wirken des Sonnengeistes im Menschen, über die Berufung des Menschen zur Freiheit, aus dem Auge verloren. Dieses «Scheinchristentum», wie er es nennt, stellt die tiefere Wurzel des neuzeitlichen Materialismus mit seiner Grundaussage dar, dass der Mensch lediglich ein «höheres Tier» ist, in dem nur Naturnotwendigkeit am Werk ist, dass die Freiheit eine Illusion ist. Dieser Materialismus ist seinerseits die tiefere Ursache der inneren Unerfülltheit unzähliger heutiger Menschen, die sich in einem beunruhigenden Zunehmen von Angst und Gewaltbereitschaft äußert.

In diesen Vorträgen spricht Rudolf Steiner von der «Intoleranz» der göttlichen Liebe dem menschlichen Bösen gegenüber, vom göttlichen Zorn, der allem Selbstzerstörerischen gilt. Er sagt: «In Wahrheit ist das, was der göttliche Zorn ausgießt über die Menschen, in Wahrheit gesehen ist das eine Offenbarung der göttlichen Liebe. Denn würde sich in diesem Zeitalter die göttliche Liebe in Schwachheit der Menschen erbarmen, so wäre es kein wirkliches Erbarmen. Es würde über alles hinwegsehen, was als notwendige Folge der menschlichen Gedanken und Taten geschehen ist. Es würde dieses das Liebloseste sein, denn dann würde die Menschheit verderben.» (15. Vortrag).

Wenn nur das Denken der Wahrheit den Menschen aufbaut und ihm innere Erfüllung gibt, dann kann der Mensch
auch nur in der Wahrheit den anderen Menschen lieben
und ihm dienen. Das gemeinsame Ringen um die Wahrheit über den Menschen ist die gemeinsame Verpflichtung
seiner physischen und psychischen Gesundheit gegenüber.
Wenn der andere die Überzeugung hat, dass ich mich irre,
so darf ich von ihm erwarten, dass er mir zeigt, wo sich im
Leben, in meinem Handeln mein Irrtum als zerstörerisch
erweist. Nur so kann ich mich von ihm geliebt und geför-
dert fühlen. Wenn er durch Scheintoleranz meinen Irrtum
und damit auch dessen schädigende Wirkung für mich und
andere toleriert, dann nimmt er das Zerstörerische leicht-
sinnig in Kauf. Das ist alles andere als Liebe, alles andere
als Toleranz.

Anhand der Prophezeiungen des Apokalyptikers schil-
dert Rudolf Steiner in aller Anschaulichkeit, wie seit dem
4. Jahrhundert sich der ursprüngliche Geist des Christentums nach zwei Seiten hin in ein Scheinchristentum
hinein verloren hat: im Westen durch die irdische Macht
der römischen Kirche, im Osten durch die Weltfremdheit
des Byzantinismus. Dies ist dadurch geschehen, dass das
Christentum die zwei Grundwahrheiten aus dem Auge
verloren hat, die sein Wesen ausmachen: die Wahrheit der
Wandlung einerseits, und die Wahrheit von wiederholter
Verkörperung und Karma andererseits.

Die Wahrheit über die Wandlung ist die oben erwähnte:
Die Wirksamkeit des «Sohnes» in jedem Menschen hat
zur Folge, dass den Naturkräften in seiner Seele das Zwin-

gende genommen wird. Dies ermöglicht dem Menschen, in seinem Denken – und folglich auch wenn er aus dem Denken heraus handelt – immer mehr das freie Schaffen des individuellen Geistes zu erleben. Der Mensch kann zunehmend vom Reich der Naturnotwendigkeit zum Reich der Geistesfreiheit «hinüberwandeln».

Das geweihte Brot ist als Naturelement nach der Wandlung nicht anders als davor. Der Mensch kann aber anders werden, er kann sich innerlich «wandeln»: In der «Kommunion», in der Einswerdung mit dem Sonnengeist, mit dem Logos, kann er seinen eigenen Geist immer «substanzieller», das heißt immer wesenhafter machen. Er kann eine solche innere Wandlung seines Wesens vollziehen, dass vor der Wandlung ihm die Welt der Materie – das ungeweihte Brot als Wahrnehmung – wesenhafter (substanzieller) erscheint als die Welt des Geistes und nach der Wandlung der denkende Geist – das geweihte Brot als Begriff, der Weizen als gedankliche Form- und Wachstumsgesetzmäßigkeit – von ihm als wesenhafter erlebt wird.

Christliche Wandlung ist denkende Selbstwandlung des Menschen, wodurch dieser mithilfe des Sonnengeistes jede Wahrnehmung in einen schöpferisch hervorgebrachten Begriff, jede karmische Lage in den Entwurf einer freien Liebestat verwandelt. Das sind auch die zwei Teile von Steiners *Philosophie der Freiheit,* die schon 1894 veröffentlicht wurde: die Wandlung der Wahrnehmung in ihren Begriff kraft des lebendigen Denkens, die Wandlung des Gewordenen in ein Werdendes kraft der moralischen Fantasie der Liebe.

So wird auch das Schicksal des Menschen, das Karma, wieder geistig sichtbar. In jedem Menschen sind zwar die Vererbungskräfte am Werk, die von den Eltern und den Großeltern stammen, auf jeden Menschen übt die Umwelt eine tiefgreifende Einwirkung aus. Aber darüber hinaus wirkt in der Biografie des Menschen die Freiheit eines «höheren Ich», das als ewiger Geist mit einer Lebensaufgabe erneut auf die Erde kommt, um seine Entwicklung weiterzuführen. Um dieses zu tun, wählt er freiwillig jene Vererbungsmaterialien und jene Umwelt, die ihm am besten dienen. Er gibt ihnen eine Prägung, die seinem individuellen Ich entspricht, er geht mit ihnen so um, dass sie seine Entwicklung unentwegt fördern.

Der Gedanke, der die «Präexistenz» des Menschengeistes leugnet und seine Seele erst nach der Zeugung geschaffen werden lässt, ignoriert die Tatsache der wiederholten Erdenleben, er verkennt das individuelle Karma als Folge der vergangenen Übung der Freiheit. Der Gedanke, dass der Mensch als Seele erst nach der Zeugung von Gott geschaffen wird, ist ein Irrtum. Er ist der folgenschwerste, verhängnisvollste Irrtum, den es geben kann. Er hat den neuzeitlichen Materialismus hervorgebracht, die zunehmende Ohnmacht des Menschengeistes gegenüber den Naturkräften, nicht zuletzt gegenüber den Naturkräften am Werk im Menschenkörper.

Die Geisteswissenschaft Rudolf Steiners holt das Christentum aus einer jahrhundertelangen Verdunkelung heraus und führt es zur ursprünglichen, in der Apokalypse dargestellten Form zurück. Anthroposophie ist Verantwortung dem wahren Geist des Christentums gegenüber, weil sie innere Verpflichtung der Wahrheit über den Menschen ist – in der Überzeugung, dass die Wahrheit aufbauend und der Irrtum zerstörerisch wirkt.

In diesem Zusammenhang stellt sich die Frage, ob nicht auch die Geisteswissenschaft Rudolf Steiners nach dessen Tod vielleicht ein ähnliches Schicksal wie das Christentum erlebt. Einerseits ist vielen Anthroposophenherzen die Anthroposophische Gesellschaft als irdische Institution auch nach dem Tod Rudolf Steiners geistig wichtig; andererseits sind Bestrebungen entstanden, aus der Anthroposophie eine weitere Spiritualität östlicher Färbung zu machen. Die einen scheinen Anthroposophie ohne Anthroposophische Gesellschaft ebenso wenig denken zu können wie viele Gläubige das Christentum ohne Kirche; die anderen fordern im Umgang mit der Wahrheit eine «Toleranz», die der gefügigen «political correctness» im Umgang mit der Macht entspricht.

Es hat jeder Mensch das Recht, die hier dargestellte zweifache Überzeugung nicht zu teilen – die Überzeugung, dass es eine objektive Wahrheit im Sinne eines sachgemäßen Erfassens der Wirklichkeit gibt, und die Überzeugung, dass das Denken der Wahrheit aufbauend, das Denken des Irrtums zerstörerisch im Leben des Menschen wirkt. Aber keiner kann die genannten Überzeugungen als intolerant abstempeln oder ihnen die Gleichberechtigung mit allen anderen Überzeugungen absprechen, ohne dadurch seine eigene Intoleranz Andersdenkenden gegenüber unter Beweis zu stellen.

20

Die Geisteswissenschaft Rudolf Steiners ist nicht intolerant anderen Weltanschauungen gegenüber. Ihr geht es um die Wahrheit, vor allem um die Wahrheit über den Menschen («Anthroposophie» heißt Weisheit vom und des Menschen). Sie ist vielleicht die einzige Weltauffassung in der heutigen Menschheit, die mit voller Bewusstheit und Entschiedenheit für die Kernwahrheit des Christentums als Kernwahrheit über den Menschen eintritt. Sie tut dies nicht um einer abstrakten Wahrheit willen, sie tut es wegen der tiefgreifenden Folgen, die sowohl die Wahrheit als auch der Irrtum für das Leben des Einzelnen und für die menschliche Gesellschaft haben. Geisteswissenschaft kann nicht die zerstörerische Wirkung des Irrtums im Leben «tolerieren». Es liegt in ihrer Natur, alles zu tun, um der heilenden und aufbauenden Kraft der Wahrheit Geltung zu verschaffen.

Pietro Archiati
im Winter 2009

Erster Vortrag

Vier Stufen der Mysterien
Gotteszeit, Ferment, Wort und Begriff

Dornach, 5. September 1924

Meine lieben Freunde![1]

Wir gehen davon aus, dass wir auf das Große in unserer Zeit hinweisen, auf dasjenige Große, das in einer ganz neuen Stellung der Menschenseele zu dem bestehen muss, was durch priesterliches Wirken geht. Das, was anwesend ist im priesterlichen Wirken, wenn die Messe° vollzogen wird, es ist etwas, was die Menschen immer gesucht haben, solange es eine Menschheit auf der Erde gibt.

Wollen wir aber heute durchschauen, in welchem Licht die Messe° erscheinen muss dem Priester, der sie zelebriert, dem Laien, der sie aufnimmt, so müssen wir zunächst einen Blick auf das werfen, was die Messe° im Laufe der Zeit der Menschheitsentwicklung auf der Erde gewesen ist, was sie ist und was sie werden muss.

Aber das, was die Messe° ist, wenn sie zelebriert wird, das ist von einer anderen Seite her gesehen das Durchdrungensein mit dem Inhalt dessen, was der Apokalyptiker, der durch Christus selbst Eingeweihte, der christlichen Nach-

---

1 Die Begrüßungsworte, mit denen Rudolf Steiner den Vortrag beginnt, sind im Anhang A nach dem Wortlaut der Priestererfassung zu lesen [*Red*].

23

welt hat geben wollen mit seiner Apokalypse. Und es gehört im Grunde genommen beides zusammen:

- rechter Sinn im Zelebrieren der *Messe*,
- rechter Sinn im innerlichen Sichdurchdringen mit der Substanz der *Apokalypse*.

Sehen wir jetzt von der besonderen Gestalt ab, die die Apokalypse für den Christen hat. Bezeichnen wir alles dasjenige als Apokalypse, was als okkulte Wahrheit gegeben wird, um der Menschheit den rechten Impuls ihrer Fortentwicklung zu verleihen. Da fällt vieles unter den Begriff «Apokalypse», was konzentriert zusammengefasst ist in der Apokalypse und auf den Christus gestimmt ist.

Immer war, indem man gestrebt hat nach einer Apokalypse, ein Verständnis dafür vorhanden, dass der Sinn für die Aufnahme des Apokalyptischen, der tiefe volle Sinn für die Aufnahme des Apokalyptischen in dem Drinstehen in der Messe° gegeben sein muss.

Es wird uns vieles anschaulich werden können, wenn wir uns dieses sagen: Es gab einst Mysterien, die wir nennen wollen die alten Mysterien. Wir wollen uns jetzt in dieser Einleitung nicht mit Zeitangaben aufhalten, sondern nur die vier aufeinanderfolgenden Stadien charakterisieren:

- Es gab *alte Mysterien;*
- es gab *halbalte Mysterien;*
- es gibt ein *halbneues Mysterienwesen*
- und wir stehen am Ausgangspunkt eines *neuen Mysterienwesens.*

Vier Stadien haben wir vor uns, vier Stadien in der Entwicklung der menschlichen Auffassung für die Apokalypse und für die Messe°.

Wenn wir hinschauen auf die *alten Mysterien,* die in der ersten Morgendämmerung menschlicher Entwicklung auf der Erde unter den Menschen bestanden, die alles, was heilig, wahr und schön ist, unter die Menschen zu bringen hatten, dann können wir sagen: Das Wesentliche der alten Mysterien war, dass in ihnen die Götter von ihren Göttersitzen zu den Menschen heruntergestiegen sind, und dass die Menschen in ihrer priesterlichen Würde innerhalb der Mysterien unmittelbar von Wesen zu Wesen mit den Göttern verkehrt haben.

So wie heute Mensch mit Mensch verkehrt, Wesen mit Wesen, so verkehrten in jenen alten Zeiten in den Mysterien die Götter mit den Menschen und die Menschen mit den Göttern.

Nun gibt es aber, so wie es Naturgesetze gibt, die für die Zeit gelten, so gibt es urewige Gesetze, die die menschliche Freiheit nicht beeinträchtigen, die aber da sind. Und unter diesen urewigen Gesetzen sind auch solche, die sich auf den Verkehr der Götter mit den Menschen beziehen.

Diese urewigen Gesetze kamen damals in Betracht, als in den heiligen Mysterien der menschlichen Urzeit die Götter selbst mit den Menschen verkehrten und alles, was menschliche Unterweisung war, sich zwischen den göttlichen Lehrern selbst und den Menschen abspielte. Als dasjenige, was sich im Kultus abspielte, sich so abspielte, dass unter den Zelebrierenden auch die übersinnlich kraftenden

Götter mittendrin waren, da vollzog man in jenen alten Mysterien auch dasjenige, was der Messe° immer den Sinn gegeben hat, da vollzog man auch die Wandlung°. Was war aber in den alten Mysterien die Wandlung°?

In den alten Mysterien war die Wandlung° dasjenige, was die Götter als den Weg betrachteten, durch den sie mit den Menschen in Beziehung traten. Die urewigen Gesetze, von denen ich sprach, die bestimmten bei gewissen Konstellationen der Sterne, die man in der wahren alten Astrologie kennenlernte, im Zusammenfallen ihrer Verhältnisse mit dem, was Menschen bestimmen konnten, wie der Weg gebahnt wurde von den Göttern zu den Menschen und von den Menschen zu den Göttern.

Wir können überall eines wahrnehmen. Wenn wir die Zeitrechnungen alter Zeiten überschauen, so sehen wir: Es gibt Zeitrechnungen, in denen 354 Tage, andere, in denen 365 Tage angenommen werden, Zeitrechnungen, in denen Schalttage, Schaltmonate eingesetzt werden, um das auszugleichen, was in der menschlichen Berechnung nicht mit dem übereinstimmt, was der wahre Gang des Kosmos ist. Nie stimmt das, was Menschen berechnen können, mit dem wahren Gang des Kosmos überein. Es bleibt immer irgendwie ein kleiner Rest übrig oder die menschliche Berechnung behält für sich einen kleinen Rest zurück.

Das, was ein solcher kleiner Rest ist, wo die menschliche Zeitrechnung nicht stimmt mit dem kosmischen Weltengang, das fassten die Priester der alten Mysterien ganz besonders ins Auge.

Sie bestimmten diese Zeiten, in denen sich die Sache auffällig machte, in denen dieses Nichtzusammenfallen besonders anschaulich war. Indem sie das Jahr in Monate und Wochen einteilten, blieben ihnen nach den Mondmonaten Wochen und Tage übrig bis zum Beginn des nächsten Jahres.

Gerade auf diese Zeiten hinzuschauen, wo die Menschen, indem sie Wochen einschalteten, das Nichtzusammenfallen menschlicher Berechnung mit dem Gang des Kosmos ausdrückten und die Priester solche Wochen als die heiligen Wochen ansahen, dazu ist alle Veranlassung für den, der sich in den Gang der Menschheitsentwicklung hineinfinden will.

In solchen heiligen Wochen, die so recht auffällig machten, dass das Denken der Götter anders ist als das der Menschen, dass, wenn man das Herz der Götter und das Herz der Menschen gegenüberstellt, dann die Differenz anschaulich wird, in solchen Wochen wurde der Weg gefunden von den Göttern zu den Menschen und von den Menschen zu den Göttern.

Das war etwas, in der richtigen Weise angeschaut, was innerhalb der alten Astrologie die Menschen beobachten ließ, wann die Götter in ihre Mysterien kamen.

Es gab am Ende eines jeden Jahres oder am Ende eines Mondzyklus von achtzehn Jahren oder in anderen Perioden immer *heilige Zeiten,* die die Differenz, die Grenze zwischen menschlicher und göttlicher Intelligenz bezeichneten, und in denen die Priester in den Mysterien erkennen konnten, dass die Götter den Weg zu ihnen und die Menschen den Weg zu den Göttern finden konnten.

Solche Zeiten waren es auch, in denen jene alten Priester die Sonnen- und Mondwirksamkeit festzuhalten suchten in den Substanzen, mit denen sie die Messe° zelebrierten, um über alle übrigen Zeiten, in denen sie zu zelebrieren hatten, das auszudehnen, was sie in den heiligen Zeiten empfangen hatten.

Und so bewahrten sie auch das, was die Götter aus den Erdensubstanzen und -kräften in den heiligen Zeiten gemacht hatten, behielten das Wasser jener Zeiten, das Merkurische jener Zeiten und so weiter, um die ganze übrige Zeit damit die Messe° so zu zelebrieren, dass sie die Wandlung° in der Weise enthielt, wie sie von den Göttern selbst bei jenen Messen° getan worden war, die sich in den «toten Zeiten», wie man sie nannte, in den heiligen Zeiten vollzogen hatten.

So wollten sich die Menschen in jenen alten Mysterien in Verbindung setzen mit den Zeiten, in denen die kosmische Sprache galt unter den Menschen, nicht die menschliche Sprache, in denen sie mit den Göttern sein konnten, die in die Mysterien herunterstiegen und jedes Mal neu heiligten, was die Messe° war, die aber jedes Mal auch den Menschen, die diese Messe° vollzogen oder an ihr teilnahmen, Verständnis des Apokalyptischen zurückließen.

So wurden die großen Wahrheiten gelehrt in jenen alten Zeiten, als das Drinstehen in der Messe° ein Durchdrungenwerden mit der Substanz des Apokalyptischen bedeutete:

- *Messe°* ist der *Erkenntnisweg,*
- *Apokalypse* ist der *Inhalt* der heiligen Erkenntnis.

Wir kommen dann zu den *halbalten Mysterien,* zu den Mysterien, von denen wenigstens ein kleiner Abglanz in das Geschichtliche heraufgeht, während von den Mysterien, die ich Ihnen als die alten charakterisiert habe, nichts mehr in das Geschichtliche heraufkommt, sondern nur erforscht werden kann durch die okkulte Wissenschaft.

Es war das schon die Zeit, in der die Götter sich zurückzogen von den Menschen in ihrer Wesenheit, in der die Götter nicht mehr in ihrer eigenen Wesenheit herunterstiegen in die Mysterien, wo sie aber noch ihre Kräfte heruntersandten. Es war die Zeit, in der die Messe° durch die Wandlung° jenen Glanz erhalten sollte, der ein Abglanz des Göttlichen sein sollte, der immer über der Messe° zu strahlen hat.

Die Wandlung° wurde jetzt nicht mehr so vollzogen, dass vom astrologischen Verfolgen der kosmischen Vorgänge hergenommen wurde das, was an Substanzen und Kräften in das Zelebrieren der Wandlung° einfließen sollte, sondern es wurde das Geheimnis auf eine andere Weise gesucht.

Es wurde das innere Wesen desjenigen aufgesucht, was man in der alten Alchemie noch die *Fermente* genannt hat.

Das, was ein bestimmtes Alter erreicht hat in Bezug auf sein substanzielles Dasein, was hindurchgegangen ist durch verschiedene Stadien seines substanziellen Wirkens, ist ein Ferment. Und wir brauchen uns, wenn wir einen trivialen Vergleich wählen wollen, nur daran zu erinnern, wie man Brot backt. Es geschieht nach demselben Prinzip.

Man bewahrt von dem alten Teig das Ferment auf und gibt einen kleinen Teil dem neuen Teig zu. Wir stellen uns vor, wie in den Zeiten der halbalten Mysterien uraltes Substanzielles, das durch die Wandlung durch die Zeit hindurch ein inneres Geschehen durchgemacht hatte, bewahrt wurde in den heiligen Gefäßen, die so viel galten in den halbalten Mysterien, und aus denen jene Substanzen genommen wurden, in die etwas von den alten Prozessen eingelaufen war, die etwas uralt Heiliges, etwas Ehrwürdiges waren.

Es wurden den heiligen Gefäßen die Substanzen entnommen als Fermente, mit denen die Wandlung° in der alten, noch heiligen Alchemie vollzogen worden ist. Und in diesen Zeiten wusste man: Derjenige, der die Wandlung verstand, die Wandlung° mit den bewahrten Substanzen und bewahrten Kräften, der Priester, der eingeweiht war, wusste von ihnen, dass sie in den heiligen Kristallgefäßen mit Sonnenglanz glänzten. Das, was man darin suchte und was man brauchte, das war, dass man darin bei dem Zelebrierenden das Erkenntnisorgan sah für die Aufnahme dessen, was das Apokalyptische ist.

Und so gab es in der Zeit dieser halbalten Mysterien jene Erscheinung, die so war: Der Priester wurde erprobt in dem Augenblick, wo er vor die heilige Stätte hintreten konnte und wo die alten Fermentsubstanzen in den heiligen Kristallgefäßen für ihn anfingen, in der Substanz so verwandelt zu werden, dass er das Kristallgefäß sah, in dem die Substanzen Sonnenglanz verbreiteten, in dem er eine kleine Sonne sah, eine selbstverständliche kleine Monstranz (s. Zeichnung). Es war ein Sanktissimum (Allerheiligstes),

30

das heute nur nachgebildet werden kann. In dem Moment war er innerlich Priester geworden.

Heute sieht das Sanktissimum zum Beispiel in der katholischen Kirche ein jeglicher, der hineingeht, weil es nur ein Symbol ist für das, was es einmal war. Einmal war dies so,

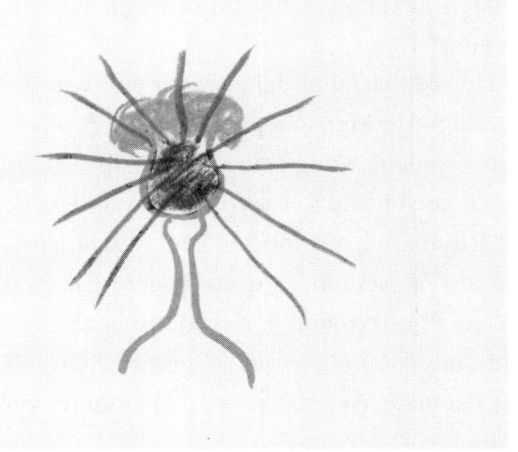

dass nur derjenige wirklich Priester war, der das Sanktissimum «sah», der in der aufbewahrten Substanz ein Sonnenglänzen sah. In diesem Augenblick war seine Erkenntnis für das Apokalyptische aufgeschlossen.

Dann kamen diejenigen Mysterien, deren Abglanz die Messe der neueren Zeit ist. Denn auf eine sehr komplizierte Art ist aus den halbneuen Mysterien die katholische Messe, die armenische Messe, sind andere Messen zur Entwicklung gekommen. Diese Messen tragen noch, obwohl sie sich veräußerlicht haben, das volle Initiationsprinzip in sich.

In diesen *halbneuen Mysterien* fing an, an die Stelle der Anwesenheit der Götter in den alten Mysterien, an die Stelle der Anwesenheit der von den Göttern ausgesandten Kräfte in den halbalten Mysterien dasjenige zu treten, was der Mensch wahrnehmen kann, wenn innerlich in ihm wach wird das *Wort, das* magische Wort. Das Wort, in dem Innerlichkeit ertönt, das Wort, das bis zur tiefsten Erkenntnis der innerlichen Wesenheit des Lautes geht.

Denn es stand in der Zeit der halbneuen Mysterien gegenüber der Menschensprache die Kultussprache, jene Kultussprache, von der in den einzelnen Religionsbekenntnissen noch letzte Reste vorhanden sind, in der alles beruht auf Rhythmus, auf innerlichem Verständnis des Lautes – und auf Verständnis für das innere Eindringen des Lautes aus Priestermund in das Menschenherz. Das magische Wort, das das Kultuswort ist, gesprochen an heiliger Stätte, war der erste Weg hinauf zu den Göttern, zunächst zu den göttlichen Kräften. Also:

- Erste Menschheitszeit, *alte Mysterien:* Die *Götter* steigen herab.
- Zweite Menschheitszeit, *halbalte Mysterien:* Die Götter schicken *ihre Kräfte* herab.
- Dritte Menschheitszeit, *halbneue Mysterien:* Der Mensch erlernt die *magische Sprache* und beginnt in dem Intonieren der magischen Sprache zu den Kräften der Götterwelt hinaufzusteigen.

Das war der Sinn alles dessen, was «intoniert» wurde innerhalb der Messe° in dem dritten Zeitalter der Menschheitsentwicklung.

Das war in jener Zeit, in der innerhalb allen zeitgemäßen Religiösen im Kultus das Kabiren-Element lebte. Denn beteiligt sind die Kabiren-Dienste, die Kabiren-Opfer, die in Samothrake gefeiert wurden, an all dem, was das halbneue Zeremoniell für die Messe° ist und für alles, was in dem priesterlichen Zeremoniell dazugehört.

Wir stellen vor unsere Seele den Kabiren-Altar von Samothrake. Die Kabiren, die darauf standen als äußere Denkmäler, waren Opferkrüge, in denen jetzt nicht Fermentsubstanzen waren, sondern Substanzen, welche die menschliche Erkenntnis finden kann, wenn sie in das innere Spirituelle der Substanz eindringt. Solche Substanzen waren in den Opferkrügen drinnen.

Die Opfersubstanzen wurden entzündet, der Rauch stieg in die Höhe. Die magische Sprache war so, dass im aufsteigenden Rauch die Imagination dessen erschien, was das Wort intonierte. So war äußerlich sichtbar im Opferrauch der Weg hinauf zu den göttlichen Kräften. Im Opferrauch wussten sich die Priester in der Atmosphäre, durch die die Wandlung° vollzogen wurde.

Waren die Substanzen so gemischt, wie es noch Aristoteles einen Alexander aus alten Zeiten lehrte, dass aus dem Opferrauch die heilige Imagination herauskam, die den Weg zu den Göttern bedeutete, dann war die Wandlung°, die priesterliche Handlung, eine richtige. Die Messe° war wahrhaftig vollzogen.

Derjenige, der sie zelebrierte, und der, der daran teilnehmen konnte, wussten: Das ist das Erkenntnisorgan. Denn indem im Opferrauch das Gebet aufflammt, das zeremoniell in dem magischen Wortverlauf gestaltet wird, kommt dem, was zu den Göttern hinaufströmt, als Gnadengeschenk von oben die Offenbarung entgegen, die das Apokalyptische ist.

Das war das dritte Stadium in der Entwicklung des Apokalyptischen und desjenigen, was in der Messe° für den Menschen enthalten ist.

Dieses Stadium ist etwas in die Dekadenz gekommen. Es ist noch heute äußerlich das Reale.[2]

2   Begonnen hat eine neue Zeit für die Menschenweihehandlung und für das Apokalyptische in dem Augenblick, wo wir drüben inauguriert haben die neue Priesterschaft, die christliche Erneuerung. Das, was in Euch die Menschenweihehandlung vollziehen muss, was Euer Herz durchströmen soll, um die Menschenweihehandlung in dem vierten Stadium richtig zu vollziehen, damit wollen wir morgen beginnen.*

*   Nach Berichten der Teilnehmenden unterbrach Rudolf Steiner nach etwa einer halben Stunde diesen ersten Vortrag und verließ den Saal. Kurz danach kam er zurück und bat bei einer kleinen Gruppe um F. Rittelmeyer um Verständnis, dass er physisch geschwächt gerade von seiner Vortragsreise in England zurückgekommen war [Red.].

Zweiter Vortrag

Vier Arten der Wandlung
Erde, Wasser, Luft und Wärme

Dornach, 6. September 1924

Meine lieben Freunde! Den Zusammenhang zwischen der Messe° und dem Apokalyptischen wollen wir zunächst näher betrachten, um dann an die Apokalypse selbst und ihre Bedeutung für das gegenwärtige und zukünftige Priesterwirken herangehen zu können.

Wir mussten gestern hinweisen auf drei vergangene Epochen der Mysterien, insofern diese Mysterien versuchten, durch dasjenige, was im Priester vorging, den Priester zur apokalyptischen Stimmung zu bringen. Dies bestand wesentlich darin, dass wir auf sehr alte Mysterien hingewiesen haben, in denen die Götter selbst herabstiegen, um in den Mysterien zusammen mit den Menschen zu wirken; auf halbalte Mysterienzeiten, in denen die Götter ihre Kräfte herabschickten und so den Menschen ermöglichten, dadurch, dass die Menschen in dem Bereich der Götterkräfte lebten, mit den Göttern zusammen im Weltall zu wirken.

Der Weg kehrte sich völlig um in der dritten Epoche, in den halbneuen Mysterien. Da handelte es sich darum, dass der Mensch diejenigen Kräfte, die er selbst entwickeln

35

konnte, so gestaltete, dass sie zu den Göttern hinaufführen konnten.

Und wir sehen da, wie der Mensch durch die Intonierung des magischen Wortes im Kultuszeremoniell – sei es, dass er dieses magische Wort auf die gestern angedeutete Weise in den Rauch hinein sprach und der Rauch die Imaginationen aus dem Wort hervorholte, sei es, dass das Wort unmittelbar in der ganzen Seelenstimmung des Menschen wirkte, sodass der Mensch im Wort göttlich-geistiges Wirken gewahr wurde –, wie der Mensch durch das Wort auf diese Weise den Weg zu den göttlich-geistigen Kräften der Welt suchte.

Es ging immer parallel dem, was man nur gesondert beschreiben kann, dem Entwickeln eines gewissen religiösen Sinnes durch den Menschen, was notwendige Voraussetzung ist, eine gewisse Form der Wandlung°, die der Mittelpunkt der heiligen Messe° war.

Die Priester der Gegenwart und der nächsten Zukunft sind dazu berufen, in einer neuen Form diese Wandlung° und damit alles, was im priesterlichen Wirken liegt, zu erleben. Das wird nicht gut möglich sein, ohne gründlich zu verstehen, worin Wandlung° und Apokalypse in den vier aufeinanderfolgenden Perioden der Menschheitsentwicklung ihrem Wesen nach bestehen.

Das eine haben wir gesehen: Die Messe° mit der Wandlung° ist ein Handeln der Menschen in Gemeinschaft mit der göttlich-geistigen Welt. Ohne dieses Bewusstsein ist ein priesterliches Wirken überhaupt nicht möglich – ohne das Bewusstsein, dass der Mensch gemeinschaftlich mit den Göttern handeln kann.

Werfen wir noch einmal den Blick auf die älteste Form der Messe°, die älteste Form der Wandlung°, dann finden wir, dass zu gewissen Zeiten, die eine Differenz zwischen dem darstellen, was der Mensch in der Zeitenfolge berechnen kann, und dem, was sich im Kosmos vollzieht, dass zu diesen Zeiten die Götter den Weg zu den Menschen fanden.

Diese stiegen herab in solchen ausgesparten Zeiten, in denen der Mensch in die von ihm berechnete Zeit etwas einfügen musste, was nicht mit der Rechnung übereinstimmte – in diesen Zeiten, in denen sich der Mensch unmittelbar unter kosmischen Einfluss stellen musste, um die Wandlung° zu vollziehen, in denen er dann das aufbewahrte, was sich an Substanziellem in solchen Zeiten ergeben hatte, um mit diesem Aufbewahrten, das aus dem Kosmos heraus die Wandlung erfahren hatte, die Wandlung° zu vollziehen.

In diesen Zeiten war der angemessene Aufenthalt der Priester und der Laiengläubigen für die Wandlung° die Erdhöhle, die Felsenhöhle. Überall in den alten Mysterienzeiten, in denen ein volles Bewusstsein von der Anwesenheit der Götter und der Bedeutung der Wandlung° entwickelt wurde, sehen wir, dass erstrebt wird, die heilige Handlung in Felsentempel zu verlegen, in Erdentempel, in das Unterirdische der Erde.

Dass das erstrebt wurde, hängt zusammen mit den Erfahrungen und Erlebnissen, die der Priester bei der Wandlung° machte. Die Wandlung° besteht ja in der Verwandlung der in der irdischen Materie gegebenen Substanzialität.

Und man kann, wenn man den Prozess vollständig überschauen will, die Kommunion dazurechnen, das Aufnehmen des Transsubstantiierten (Verwandelten) in die eigene
Menschenwesenheit, sodass in dieser Beziehung die zwei
letzten Hauptteile der Messe°, die Wandlung° und die Kommunion, eine Einheit bilden – und das Evangeliumlesen
und das Offertorium (Opferung) die Vorbereitung dazu darstellen.

Wenn wir in diesem Zusammenhang in der Wandlung°
und in der Kommunion eine einheitliche priesterliche
Handlung, eine einheitliche Kultushandlung sehen, so können wir auf jene Auffassung hindeuten, die in den ältesten
Mysterien jene Initiierten hatten, die man auch die «Väter» nannte. Die Väter – das bezeichnet einen Grad des
Initiiertseins, den Grad des Vaters. Daher ist der Name geblieben, den heute noch die Priester vieler Konfessionen
tragen: Pater.

Der Priester erlebte, während er die Wandlung° vollzog,
im Erdentempel, im Felsentempel das Einswerden seines
physischen Organismus mit der ganzen Erde. Deshalb der
Felsentempel, deshalb der Erdentempel. In Wirklichkeit
müssen wir uns, auch wenn wir in unserem heutigen gewöhnlichen Erdenbewusstsein leben zwischen Geburt und
Tod, eins fühlen mit dem, was uns im Kosmos umgibt.
Und so war es während der ganzen Erdentwicklung der
Menschheit.

Die Luft, die wir jetzt in unserem Leib haben, war kurz
vorher außerhalb des Leibes, sie wird kurze Zeit nachher
wieder außerhalb des Leibes sein. Die Luft, die außerhalb

des Leibes ist, und die Luft, die innerhalb des Leibes ist, ist ein Ganzes. Es ist ein Luftmeer da; indem der Mensch einatmet, verwandelt sich ein Teil dieses Luftmeeres in den Menschen. Die Luft wird aufgenommen, dringt überall hinein, füllt den Menschen aus, hat selbst menschliche Form. Diese Form löst sich sogleich wieder auf in das Luftmeer. Es ist ein fortwährendes Entstehen und Vergehen des luftförmig gestalteten Menschen. Es fällt nur nicht in sein Bewusstsein.

In dem Augenblick, wo der alte indische Yogi seine Atmungsübungen vollzog, war das jedes Mal auch in seinem Bewusstsein. Er fühlte sich nicht abgesondert, sondern eins mit dem ganzen Luftmeer der Erde, er fühlte das Entstehen in jeder Systole (Einatmung) und das Vergehen in jeder Diastole (Ausatmung). Das konnte man ohne Weiteres erleben durch jene Atemübungen, die heute nur nicht mehr angemessen sind für die Menschen.

Aber der Mensch ist nicht bloß ein physisch-irdischer Mensch. Er ist ein irdischer Mensch, in dem tätig ist dasjenige, was wir den physischen Leib nennen, aber er ist auch ein Flüssigkeitsmensch. Der ganze Mensch ist ausgefüllt von den in ihm zirkulierenden, aufeinander wirkenden, sich gegenseitig beeinflussenden Flüssigkeiten. Dieser Flüssigkeitsmensch ist abhängig von dem Ätherleib, denn die Kräfte des Ätherleibs wirken weniger in dem, was fest ist, und mehr in dem, was flüssig ist.

Und dann tragen wir noch den Luftmenschen und den Wärmemenschen in uns. Dieser Luftmensch, der die Atmung besorgt, steht unter den Kräften des astralischen

Leibes. Und der Wärmemensch – wir brauchen uns nur daran zu erinnern, wenn wir mit dem Thermometer an irgendeiner Stelle messen, außen oder innen, so ist diese Temperatur differenziert: Schon in dieser groben Art zeigt sich, dass der Mensch ein differenzierter Wärmeorganismus ist. Dieser ist unter die Wirkung der Ich-Organisation gestellt. So finden wir im Menschen die *vier Elemente:*

- die *Erde* unter dem Einfluss des *physischen Leibes,*
- das *Wasser* unter dem Einfluss des *Ätherleibes,*
- die *Luft* unter dem Einfluss des *astralischen Leibes,*
- die *Wärme,* das Feuer, unter dem Einfluss der *Ich-Organisation.*

Das, was durch die Wandlung° im Verein mit der Kommunion bei den alten Vätern bewirkt wurde, das ist, dass sie die physische Organisation in Zusammenhang mit der Erde fühlten, wenn sie sich in den Felsen- oder Erdentempel begeben haben, um unmittelbar mit dieser irdischen Entwicklung zusammenzuwachsen. Nun, wie war das?

Alles, was der Mensch heute, wie er sagt, «wissenschaftlich» über seine eigene Wesenheit denkt, ist grundfalsch, ist Unsinn. Alles, was sich auf den Menschen bezieht, muss ganz anders vorgestellt werden. Für diese alten Väter ergaben sich diese anderen Vorstellungen aus dem heiligen Menschenweiheopfer durch eine unmittelbare Anschauung infolge der Wandlung°.

Sie wussten: Wir atmen nicht nur Luft ein durch unsere Atmungsorgane, wir nehmen fortwährend aus dem Kosmos alle möglichen Stoffe durch unsere Sinnesorgane auf.

Durch das Haar, durch die Haut werden fortwährend alle möglichen Stoffe aus dem Kosmos aufgenommen. Und so wie der bewusst Atmende die Luft einziehen fühlt in seine Atmungsorgane, so fühlte der alte Priester aus der Kiesel-umgebung, in der er im unterirdischen Tempel war, die Substanzen durch seine Nerven-Sinnes-Organisation dringen und in sich übergehen – so wie der Luftmensch die Luft in sich übergehen fühlt, denn wenn er bewusst atmet, dringt diese Substanz durch den ganzen Organismus.

Und der alte Priester wusste, dass der Stoffwechsel-Gliedmaßen-Mensch in seiner substanziellen Zusammensetzung nichts hat von dem, was man isst. Nichts von dem, was man isst, geht in den Stoffwechsel-Gliedmaßen-Menschen hinein. Substanzielles wird da aus dem Kosmos aufgenommen.

Die ganze Ernährungstheorie von heute ist in Wirklichkeit unwahr. Dasjenige, was gegessen und umgewandelt wird durch die Verdauungsorganisation, das fühlte der zelebrierende Vater den Weg nehmen vom Stoffwechsel-Menschen zum Nerven-Sinnes-Menschen, vorzugsweise zum Kopf. Und er wusste: Was du isst, wird in dir verwandelt zur Substanz des Hauptes und dessen, was damit zusammenhängt. Was aber in dir gerade die Organe bildet, die den Stoffwechsel besorgen, wird aus dem Kosmos durch eine feinere Atmung aufgenommen.

Und so fühlte er die Substanzialität des Kosmos von allen Seiten durch Sinne und Nerven aufgenommen und seinen Stoffwechsel-Gliedmaßen-Menschen konstituieren. Er fühlte die nach unten gehende Strömung, die von allen Seiten des Kosmos ihren Ursprung nimmt und die von oben nach unten in seinen Organismus strömte. Und er fühlte, dass dasjenige, was der Mensch unmittelbar als Nahrung aufnimmt und was im Körper verwandelt wird, den umgekehrten Weg nimmt und gerade den oberen Menschen konstituiert.

- Eine *abwärts*fließende und
- eine *aufwärts*fließende Strömung

erlebte der «Vater» in sich, indem er die Wandlung° vollzog. Vollzog er dann die Kommunion, so wusste er sich, weil ihm sein physischer Leib in diesen Strömungen bewusst geworden war, in Zusammenhang mit dem Kosmos. Er «einverleibte» das, was er durch das Zelebrieren auf dem Altar erhalten hatte, der von oben nach unten und der von unten nach oben gehenden Strömung in sich. Indem er eins geworden war mit der Erde, einverleibte er dasjenige, was er auf dem Altar zubereitet hatte, den Strömungen, die gemeinsam der Erde und seinem Leib angehörten, dem Göttlichen auf der Erde, die ein Spiegel des Universums ist.

Er wusste sich eins mit dem Universum, das außerhalb ist. Er wusste, dass diese «Mahlzeit», die er auf diese Weise eingenommen hatte, eine Mahlzeit ist, die sein kosmischer Mensch vollzog. Aufgehen fühlte er durch das, was durch die abwärtsgehende und durch die aufwärtsgehende Strömung einströmte, den göttlichen Menschen selbst, der ein Genosse der herabsteigenden Götter sein durfte. Er fühlte sich von den Göttern in seinem physischen Leib zum göttlichen Menschen umgestaltet, selbst transsubstantiiert (wesensverwandelt).

Und in diesem Augenblick war es, dass er aus dem tiefsten Herzen das aussprach:

Ich bin jetzt nicht der, der da herumgeht in der physischen Welt. Ich bin der, in dem der Gott lebt, der herabgestiegen ist. Ich bin der, dessen Name alle Laute umfasst, der gewesen ist am Anfang, der ist in der Mitte, der sein wird am Ende. Ich bin das Alpha und das Omega.

Und es hing dann von der Art und Weise ab, wie sein Inneres durch dieses Erfühlen sich gestaltete, wieweit er wirklich teilnehmen konnte an den Geheimnissen des Kosmos, an dem göttlichen Wirken und Schaffen im Kosmos, an dem Sichoffenbaren der Kräfte, der Substanzen und Wesenheiten im Kosmos unter dem göttlich-geistigen Schaffen. Das war das Wirken des Priesters in den alten Mysterien.

Gehen wir zu den *halbalten Mysterien,* dann finden wir, was da eine große Rolle spielt innerhalb der Tempel, die nicht mehr aus denselben Sehnsüchten heraus in das Unterirdische der Erde verlegt wurden – wenn sie dahinein verlegt wurden, so geschah das durch Tradition, es wurde nicht mehr lebendig verstanden, aber gerade dadurch lebte es als Tradition weiter, weil sie den lebendigen Inhalt verloren hatte –, jetzt spielt in den Tempeln, die bereits über die Erde herauf sich erhoben haben, alles eine große Rolle, was Weihwasser ist, was Waschungen sind, was Opferhandlungen sind, die mit dem Wasser zusammenhängen.

Es sind solche Traditionen noch vorhanden geblieben in der Vollziehung der Taufe, in dem Untertauchen beim Taufen. Denn hier handelt es sich darum, dass das, was der Priester vollzog, nun weniger mit dem unmittelbaren irdischen Element zusammenhing, sondern durch die innerlich aufgewendete Kraft der Opferhandlung schon der Flüssigkeitsmensch eins wurde mit dem Universum, der Mensch, in dem die Kräfte des Ätherleibs wirken.

Es war jetzt so, dass, wenn die Wandlung° vollzogen wurde und alles das in der Weihehandlung vorausging und folgte, was in irgendeiner Weise mit dem flüssigen Element zu tun hat, dass dann der Mensch wieder fühlte, wie in ihm zeitlich die Organisation des ätherischen Leibes arbeitet.

Und im Vollzug der Wandlung° fühlte der Mensch, wie sein Wachstum von Kindheit auf sich gestaltet unter dem Einfluss des flüssigen Elementes in ihm, wie es sich dann weitergestaltet und wie in diesem Strömen von der Vergangenheit durch die Gegenwart in die Zukunft der Ätherleib wirkt.

- Wie sich die *alten Priester* durch den physischen Leib eins fühlten mit dem *irdischen Element,*
- so fühlte sich der, der in den *halbalten Mysterien,* in der zweiten Mysterienepoche, die Wandlung° vollzog, eins mit dem, was als *Wässriges* im ganzen Kosmos lebt.

Und er fühlte die Wachstumskräfte von allen Wesen in sich selbst sprossen und wachsen, aufkeimen und sich entfalten zu dem entwickelten Organismus und sich wieder zusammenziehen zum Keim. Er fühlte diese sprossende und sprießende, lebende und sterbende Tätigkeit, indem er die Wandlung° vollzog. Er konnte sich in jenem Moment sagen:

Jetzt weiß ich, wie Wesen in der Welt entstehen, wie Wesen in der Welt sterben.

Denn die aufsteigenden und absteigenden Kräfte des Ätherischen waren in ihm tätig. Er fühlte die Ewigkeit in der heiligen Wandlung°.

Und wenn wir wieder zusammennehmen die Wandlung° mit der Kommunion als eine einheitliche Opferhandlung, Weihehandlung, dann wusste der kommunizierende Priester von dem Aufgehen der verwandelten Substanzen, der auf die Art verwandelten Substanzen, wie gestern geschildert worden ist, in seinem ätherischen Wasser-Menschenwesen. Eins fühlte er sich da mit allem, was bewahrt die Unsterblichkeit in dem, was entsteht und vergeht, was geboren wird und stirbt im Weltenall.

Geburt und Tod wehten über dem Altar und vom Altar in die Schar der Gläubigen hinein. Es war ein Durchströmtwerden mit Ewigkeitsgefühlen. Und dieses Durchströmtwerden mit Ewigkeitsgefühlen war dasjenige, was an die Stelle des Alten getreten war, was ein Sicheinsfühlen mit dem gesamten Kosmos durch die Erde war.

Und als dann das *dritte Zeitalter* heraufkam, war es so, dass der Mensch in der heiligen Weihehandlung bewusst miterleben sollte sein Einswerden mit dem Luftelement und dadurch mit dem Kosmos.

45

In einer anderen Weise wurde drüben im Orient für den einsam, nur als Menschenindividualität strebenden Yogi bewirkt, dass er sich bewusst wurde des Strömens göttlich-geistiger Weltenkräfte im Einatmen, im Ausatmen. Der Yogi ergriff direkt den Atem.

Schon in Westasien und noch mehr in Europa wurde nicht direkt, nicht unmittelbar der undifferenzierte Atem ergriffen, sondern es wurde in den Atem hinein das magische Wort intoniert. Dadurch wurde im magischen Wort, im Kultuswort, der Atem erfasst, die im Menschen ein- und ausströmende Luft.

Daher kam es, dass in dem, was entweder in den Opferrauch gesagt oder unmittelbar in der Intonation des magischen Kultuswortes erlebt wurde, sich das Hinaufstreben der magischen Kräfte zu den göttlichen Kräften offenbarte.

Man fühlte so: Man selbst intonierte das magische Kultuswort, das Gebetswort. Jedes Gebet hat diesen Sinn: Der Mensch bemüht sich, mit seinen Kräften hinaufzusteigen in die göttlich-geistige Region, er begegnet da den Göttern. Indem er das Wort intoniert, spricht nicht mehr er, es spricht im Kultuswort die sich offenbarende Gottheit. In einem anderen Element, in dem Luftelement, offenbart sich jetzt die Gottheit. Der Mensch fühlt sich in dem, was die Kräfte der Luft beherrscht, von seinem eigenen Astralleib aus.

Und nun müssen wir uns aber überlegen, wie groß, wie stark der Übergang war von den halbalten Mysterien zu den halbneuen Mysterien, von der zweiten in die dritte Epoche:

- Das, was die *alten Väter* erlebten, wurde im physischen Leib erlebt. Es war eine Steigerung der Tätigkeit des *physischen Leibes;*
- das, was der *Sonneneingeweihte* der zweiten Epoche erlebte, war eine Steigerung des *Ätherleibs,* des Flüssigkeitsmenschenleibs.
- Das, was der Priester der *dritten Epoche* erlebte, indem er das Kultuswort intonierte und das Strömen der göttlichgeistigen Kräfte erlebte, das wurde im *Astralleib* erlebt.

Der astralische Leib war schon damals für das gewöhnliche Bewusstsein nur zum geringsten Teil ein Vermittler des Bewusstseins gewesen. Nur in älteren Zeiten der dritten Epoche konnten die Priester im magisch gesprochenen Kultuswort noch fühlen: Indem ich spreche, spricht der Gott in mir. Dann aber nahm das ab.

Der astralische Leib blieb dem Bewusstsein, das heraufkam, in seinen Wirkungen immer mehr unbewusst – er ist ja völlig unbewusst dem heute vorhandenen Bewusstsein. Daher wurde nach und nach der verbale Inhalt des Kultus etwas, was denen, die berufen waren, die göttliche Gegenwart bedeuten konnte – und denen, die nicht berufen waren, das Intonieren eines ihnen nicht zum Bewusstsein Kommenden war.

Das war es immer mehr geworden für eine große Anzahl der Priester, die dann im Katholizismus dienten. Daher kam es, dass die Messe nach und nach dasjenige geworden ist, was der Priester allerdings zelebrierte, in dem er aber nicht selbst anwesend war.

Aber man kann nicht mit dem intonierten Wort, mit der Inkorporation von Luftwesenheiten, man kann nicht mit dem zelebrieren, ohne dass Geistigkeit anwesend ist. Es gibt nirgends ein gestaltetes Materielles, in dem nicht sofort die Geistigkeit Platz greifen würde. Und so war es, dass auch wenn durch einen unwürdigen Priester mit dem Kultuswort die Messe° zelebriert wurde, nicht seine Seele, aber Geistiges vorhanden war. Sodass in der Tat der Gläubige unter allen Umständen, wenn die Liturgie eine richtige ist, einem geistigen Vorgang beiwohnt.

Aber indem das im letzten Stadium der dritten Epoche immer mehr so wurde, glaubten die mehr nach dem Rationalistischen hinarbeitenden Bekenntnisse, die evangelischen Bekenntnisse, das Zelebrieren im Kultus überhaupt von sich abwerfen zu können. Es war kein Bewusstsein von der Bedeutung des Kultus mehr vorhanden, von der unmittelbar realen Zusammenarbeit des Menschen mit den Göttern.

Das hat dann die Zeiten herbeigeführt, in denen wir leben. Die Messe°, die unmittelbar das göttlich-geistige Leben herunterbringt auf die Erde, wurde allmählich etwas Unverstandenes. Was durch sie erlebt werden soll, die Apokalypse, wurde etwas Unverstandenes.[3]

---

3   Das waren im Grund genommen die Erlebnisse, die diejenigen gehabt haben von Euch, die da eines Tages gekommen sind und gesagt haben: es muß eine christliche Erneuerung eintreten. Sie empfanden das, was in der Zivilisation lebt, auch im religiösen Leben der Zivilisation lebt, das religiöse Leben aller Konfessionen als bereits getrennt von der wirklichen realen geistigen Welt. Sie suchten den Weg zur wirklich realen geistigen Welt

wieder. Das ist ja das, was zugleich wegweisend ist, was uns in der Tiefe in die Mysterien hineinführen wird, die mit der Apokalyptik zusammenhängen.

Das ist es ja, daß die Transsubstanziation in der ersten Epoche zuammenhängt mit den Erlebnissen mit dem physischen Leib; in der zweiten Epoche durch Erleben mit dem Ätherleib; in der dritten Epoche durch Erleben mit dem Astralleib. An Euch, an Eurem innerlichen Erleben des Wirkens und Webens der Geistigkeit in der Welt hängt es, d a ß d i e W e i h e h a n d l u n g u n d A p o k a l y p t i k v o n d e m I c h d e r M e n s c h h e i t e r g r i f f e n w e r d e. Damit ist aber jede richtige Auffassung von dem, was getan werden soll durch diese Bewegung für religiöse Erneuerung davon abhängig, daß dies zu Tuende unmittelbar aufgefaßt werde als die Ausführung einer uns gestellten, einer übersinnlich gestellten Aufgabe, einer Aufgabe, die in den Dienst der übersinnlichen Mächte das stellt, was sie tut.

Denn entweder muß in das Wesenlose verinnen *[sic!]* das, was Ihr tut, in der jetzigen Evolution des Weltalls und nur eine Art von Störung gewesen sein, wenn Ihr nicht erfaßt die Tiefe Eurer Aufgabe. Oder aber Ihr erfaßt die Tiefe Eurer Aufgabe, Ihr fühlt diese Aufgabe von vornherein verbunden nicht mit Wirken von Menschen, sondern verbunden mit dem Wirken von Göttern durch die Erdenevolution hindurch; dann müßt Ihr Euch sagen: Wir sind dazu berufen, die vierte Mysterienepoche der menschlichen Erdentwickelung mitzugestalten. Dann allein, wenn Ihr den Mut und die Kraft und den Ernst und die Ausdauer habt, in dieser Weise Euch in Eure Aufgabe zu finden, dann allein ist diese Aufgabe gestellt in den Dienst der Mächte, welche den Inhalt des Kultus, jenes Kultus der unmittelbar heruntergeflossen ist, als wir vor zwei Jahren hier zusammen waren, aus der geistigen Welt herunter geflossen ist, dann allein ist das real, was Ihr durch den Inhalt dieses Kultus, der eine Offenbarung aus der geistigen Welt ist und als solcher Euch überstrahlt hat, übernommen habt.

Und dann werdet Ihr immer mehr fühlen und empfinden: es war so,– der Christus ist zunächst in einer real …

tellurischen Handlung in das Erdenleben eingezogen. Das Mysterium von Golgota ist als reale Handlung da. Der Mensch muss es in unserer Zeit erst mit seinem Ich vereinigen, denn das erste Angedenken an das heilige Abendmahl war noch getaucht in die dritte Mysterienepoche, in die Epoche, wo der astralische Leib die im Luftartigen sich vollziehenden Kultuswirkungen aufnahm und beherrschte.

Jetzt aber handelt es sich darum, dass mit voller Bewusstheit der Mensch sein tiefstes Inneres mit dem Christus verbindet und anfängt, das Apokalyptische in einer neuen Weise zu verstehen.

Wie verstand man in der ersten Mysterienepoche das Apokalyptische? Man erlebte es als die Anwesenheit der Götter, die da sind der Anfang, die Mitte und das Ende – das Alpha und das Omega.

Wie verstand man in der zweiten Mysterienepoche die Anwesenheit der göttlichen Kräfte? Man erlebte sie als das, was als Sphärenmusik durch die Welt klingt, was in dem vom Himmel zur Erde strömenden Weltenwort lebt, das alles geschaffen hat, das in allem schafft. Man erlebte in der Zeit, wie in einem Augenblick, dasjenige, was im Anfang, in der Mitte und am Ende ist. Man erlebte in dem kosmischen Weltenwort das Alpha und Omega. Und immer war, wenn in den verschiedenen Epochen von dem Alpha und Omega gesprochen wurde, immer war das Bestreben, zu erkennen, was in diesem Alpha und Omega, in dem Ersten und Letzten, enthalten ist.

Und in der dritten Mysterienepoche, wie verstand man da das Apokalyptische? Man verstand die Apokalyptik so, dass der Mensch das noch halb bewusste Kultuswort entfaltete. Wenn dies halb bewusste Kultuswort sich selbst transsubstantiierte (verwandelte), wenn der Mensch intonierte und die Sache so war, wie ich es durch das Folgende veranschaulichen kann, dann wurde in der dritten Epoche das Apokalyptische wahrgenommen.

Vielleicht hat jeder von uns an einem Tag, wo er rein empfänglich den Eindrücken der Außenwelt hingegeben war, irgendetwas Musikalisches gehört, ist mit diesem Musikalischen schlafen gegangen und dann mitten im Schlaf aufgewacht. Es war so, wie wenn er in einem Gewoge lebte, aber in einem transformierten Gewoge dessen, was er als Symphonie am Tag gehört hatte.

So war es bei den Priestern der dritten Mysterienepoche. Es ist dasjenige, was für sie geschah, vergleichbar mit diesem Trivialen, was ich eben herangezogen habe.

Sie zelebrierten die Weihehandlung mit dem Kultuswort, von dem sie erlebten, dass in ihm die Gottheit anwesend wurde. Sie hatten das Kultuswort hinaufgeschickt, die Gottheit war in das Kultuswort eingeströmt. Sie gingen von der heiligen Handlung in jener Stimmung weg, in der es sich gebührt, von ihr wegzugehen. Sie erlebten in dem Transsubstantiierten das, was menschliches Kultuswort war, indem in diesem menschlichen Kultuswort nicht nur wie während der Messe° die göttliche Geistigkeit anwesend war, sondern sie erlebten nun dasjenige, was sie ausgesprochen hatten, transsubstantiiert, transformiert in dasjenige, was das übersinnliche Echo dessen war, was sie selbst intoniert hatten in der Liturgie der Messe, indem das ihnen transformiert zurückströmte und das Apokalyptische offenbarte.

Der Gott offenbarte als Gegengabe für die entsprechend zelebrierte Opferhandlung das Apokalyptische. So empfing man das Apokalyptische in der dritten Mysterienepoche.

Derjenige, der sich durch den Christus selbst zum Priester gemacht fühlte, der Verfasser der Apokalypse, er fühlte als der Erste, was nachher kaum je wieder erlebt worden ist: Er fühlte das Aufgehen des apokalyptischen Inhalts in dem eigenen *Ich*. Denn früher war es der astralische Leib, der das Echo in sich aufnahm, von dem ich gesprochen habe, wo der Gott als Gegengabe gegenüber dem Wort das Apokalyptische gab.

Derjenige, der die Apokalypse verfasst hat, der fühlte sein voll bewusstes Ich eins mit jenem Inhalt, den er niedergelegt hat in der Apokalypse. Das war so, dass gerade aus dem längst verglommenen Opferdienst von Ephesus die inspirierende Anregung für den Priester kam, für den vom Christus selbst sich gesalbt fühlenden Priester, der die Apokalypse verfasst hat, dass er sich im höchsten Alter wie in einem fortwährenden Zelebrieren der uralt heiligen Weihehandlung fühlte. Er fühlte eines Tages, wie dieses völlige Erfülltsein des Ich mit dem Sinn der Weihehandlung nun auch ein völliges Erfülltsein mit dem Inhalt des Apokalyptischen war.

So ist diese Apokalypse aus ihm so herausgesprochen, wie in dem gewöhnlichen Bewusstsein das einzige Wörtchen «Ich» herausgesprochen wird aus dem Menschen. Wenn der Mensch «Ich» sagt, spricht er in diesen wenigen Lauten sein Innerstes aus. Es kann nichts anderes damit gemeint sein als das Eine, was die individuelle menschliche Wesenheit ist. Aber dieses Eine enthält einen reichlichen Inhalt und der reichliche Inhalt ist in diesem Fall der Inhalt des Apokalyptischen. Und

- wenn alles das, was religiöses Fühlen in der Vertiefung der *Seele* dieser Seele geben kann,
- wenn alles das, was als die energisch erstrebte Erleuchtung durch das Hinstreben zum Verständnis des Übersinnlichen im *Geist* des Menschen wirken kann,
- wenn das alles so orientiert wird, wie es orientiert werden kann, wenn wir uns durch alles das anregen lassen, was uns anregen kann aus der Betrachtung der drei vergangenen *Mysterienepochen,* die selbst die Inspiratoren der vierten werden können – wenn wir uns so anregen lassen von dem, was einleitungsweise skizziert worden ist gestern und heute, von dem, was in der ersten, zweiten und dritten Mysterienepoche lebte, sodass dies der lebendige Inspirator der vierten wird –,
- und wenn wir die Kraft des *göttlichen Geistes,* wie es heute wieder möglich ist, in der Seele wirken lassen,
- dann werden wir das erleben können, dass es numerisch nicht nur *eine* Apokalypse gibt, sondern dass es numerisch so *viele* Apokalypsen gibt als menschliche Gott hingegebene Iche von einzelnen Priestern zum Christus sprechen, der durch diese christliche Erneuerung wieder gefunden werden soll.

Die Apokalypse bleibt ihrer Qualität nach eine, numerisch kann sie der Inhalt jeder einzelnen Priesterseele werden.

Umgekehrt kann jede einzelne Seele die richtige Priesterseele werden, die die Messe° vollzieht und zur Priesterseele wird dadurch, dass sie in sich die Vorbereitung durch-
macht, um das Ich mit dem Inhalt der Apokalypse zu iden-
tifizieren.

Wir sind als Mensch ein Ich. Wir werden im modernen Sinne des Wortes Priester, wenn die Apokalypse nicht
bloß im Evangelium steht, wenn die Apokalypse auch nicht
nur in unserem Herzen als fertig geschrieben steht, sondern
wenn das Ich sich bewusst wird, dass es in jedem Augenblick des Lebens selbsterzeugend einen Abdruck der Apokalypse hervorbringt.

Nehmen wir dieses Bild. Es ist ein scheinbar pedan-
tisch-philiströses Bild, das aber doch dienen kann. Jemand
gibt den Inhalt eines Buches. Es wird in die Druckerei geschickt, das Buch wird gedruckt, und in soundso vielen
numerisch voneinander verschiedenen aber inhaltlich eins
seienden Exemplaren geht das Buch durch die Welt.

Eins ist es, worauf wir hingewiesen werden gleich im
Beginn der Apokalypse, eins ist es, was von Christus selbst
dem Apokalyptiker offenbart wird: Dies ist die Offenbarung des Christus Jesus, empfangen von seinem Diener Jo-
hannes.Eins ist der Inhalt – aber er wird vervielfältigt im
Selbsterzeugen dieses Inhaltes durch die Verarbeitung der
Weisheit der übersinnlichen Welten. Das ist das Verstehen
der Apokalypse.

Das heißt aber auch im tieferen Sinne das Wort verstehen: Der Christus hat uns zu Priestern geweiht – wir haben
gefühlt, wie der Apokalyptiker sagt, ihn hat der Christus

Jesus zum Priester gesalbt. Die Salbung erfolgt, wenn gefühlt wird, wie der Inhalt der Apokalypse entstanden ist, wenn gefühlt wird: Die Menschen von heute sollen Priester werden dadurch, dass sie selbsterzeugend im Ich selbst die Apokalypse erleben.

- Wird das Ich *apokalyptisch,*
- dann ist das Ich *priesterlich.*

Davon dann morgen weiter.

Dritter Vortrag

Siehe den Sonnengeist
Der Mensch und sein Alphabet

Dornach, 7. September 1924

Meine lieben Freunde!

Wir haben gestern auf den bedeutenden Einschnitt hingewiesen, der dadurch in der Menschheitsentwicklung entstanden ist, dass innerhalb der Messe° von der dritten Mysterienepoche an die Teilnahme des Menschen am Kosmischen, die Wandlung°, im astralischen Leib sich vollzieht. Dieses ist dasjenige Glied der menschlichen Wesenheit, das im Schlaf für das gewöhnliche Bewusstsein aus dem physischen Leib herausgeht und während der Zeit des Getrenntseins vom physischen Leib nicht empfänglich ist für Wahrnehmungen aus der Umgebung.

Nun machen wir uns einmal klar, wie dieser astralische Leib im heutigen Menschen wirkt. Er ist es, der die Gedanken über die Umgebung, die Gedanken, durch die wir die Welt begreifen, dem Menschen vermittelt. Denn in dem Augenblick, wo der astralische Leib aus dem physischen und dem ätherischen Leib fort ist, sind Gedanken über die Umgebung nicht da.

Wir können den Gedanken noch ergänzen dadurch, dass wir uns klarmachen, dass die Ich-Organisation, das eigentliche Ich im Menschen, wie er heute ist, der Empfänger der

57

Sinneseindrücke ist. Die Sinneseindrücke ersterben wiederum, wenn die Ich-Organisation herausschlüpft, wenn sie aus dem physischen und Ätherleib heraus ist.

Sodass wir sagen können: Hier ist der physische Leib des Menschen, hier ist der Ätherleib des Menschen (s.

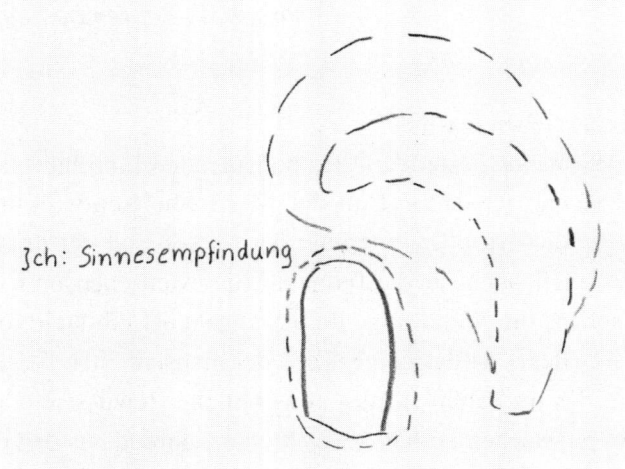

Jch: Sinnesempfindung

Zeichnung). Der astralische Leib und die Ich-Organisation sind im Schlaf außerhalb. Diese Ich-Organisation liefert die Sinnesempfindung, die Sinneswahrnehmung, wenn der Mensch wacht. Die Sinneswahrnehmung ist daher nicht da im Schlaf, weil die Ich-Organisation nicht im physischen und Ätherleib ist, weil, während der Mensch schläft, die Ich-Organisation nicht für die Eindrücke der Umgebung empfänglich ist. Der astralische Leib liefert die Gedanken, wenn er im physischen und Ätherleib ist; wenn er heraus ist, ist er nicht empfänglich für die Dinge der Außenwelt und liefert keine Eindrücke.

Dieser astralische Leib war es aber, der in der dritten Mysterienepoche, als sich der Mensch durch das Kultuswort mit den göttlich-geistigen Wesenheiten in Verbindung setzen sollte, durch alles dasjenige, was der Priester an vorbereitenden Übungen durchmachte, empfänglich wurde für das, was ich Ihnen beschrieben habe, empfänglich wurde dafür, in der Kommunion die Wandlung° in sich selbst zu verarbeiten, nach erlebter Wandlung° empfänglich zu werden für das Apokalyptische.

Dieselbe Art des Vorgangs muss nun bei dem Menschen von unserer gegenwärtigen Epoche an mit der Ich-Organisation stattfinden. Diese Ich-Organisation muss so beschaffen sein, dass die Wandlung° von ihr erlebt wird, obwohl im gewöhnlichen Bewusstsein durch die Ich-Organisation nur Sinneseindrücke erlebt werden können. Sie muss so beschaffen sein, dass sie durch die Wandlung° an dem Apokalyptischen teilnehmen kann.

Dafür kann der Mensch wirklich heute empfänglich werden, das heißt, es kann der Mensch zum Priester werden, wenn er diejenigen Vorstellungen in sich aufnimmt, die wahrhaft spirituelle Abbilder der übersinnlichen Welt sind.

Und damit haben wir den innerlichen Zusammenhang, den esoterischen Zusammenhang gekennzeichnet zwischen der heute zu Recht bestehenden Esoterik und dem, was in der Priesterseele leben muss.[4] Wir müssen nur bedenken,

---

4   Wir haben gekennzeichnet das, was die Christengemeinschaft machen kann zum Träger eines wesentlichen Teils der neuen Mysterien.

wie das beschaffen ist, was heute als Geisteswissenschaft an die Menschen herantritt.

Ich habe oftmals ein Bild gebraucht, ich sagte: Der Mensch ist heute geneigt, alles das als Inhalt der Erkenntnis in sich aufzunehmen, was durch die äußere Wahrnehmung, durch das äußere Experiment gestützt ist. Er will aber alles das nicht als Erkenntnis aufnehmen, was nicht so gestützt ist.

Wer sich aber so verhält, der gleicht einem Menschen, der sagt: Auf der Erde muss jeder Stein, damit er nicht herunterfällt, gestützt sein. Also müssen auch die Planeten im Weltall gestützt sein, damit sie nicht herunterfallen. Dass die Planeten ohne Stütze sich gegenseitig tragen im Weltall, ist heute selbstverständlich, weil es traditionell und autoritativ gelehrt wird; dass die geisteswissenschaftlichen° Wahrheiten auch solche sind, die nicht durch äußere Beobachtung und durch Experiment gestützt zu werden brauchen, sondern sich gegenseitig stützen und tragen, wird vielfach bezweifelt.

In dem Augenblick, wo man gewahr wird, geisteswissenschaftliche° Wahrheiten gelten dadurch, dass eine die andere stützt, dass die Wahrheiten sich gegenseitig stützen, in dem Augenblick fängt man auch an, die übliche Redensart nicht mehr zu gebrauchen: «Ich sehe noch nicht selbst hinein in die geistige Welt und kann daher nicht begreifen, was Inhalt der Geisteswissenschaft ist», sondern man beginnt damit, Geisteswissenschaft zu verstehen durch das gegenseitige Sichstützen ihrer Wahrheiten. Und man arbeitet sich dann weiter hinein.

Diese Aufgabe, dasjenige, was über die geistige Welt heute gegeben wird, vor allen Dingen zu durchdringen, das ist das, was den Priester auf seinen inneren Weg bringen kann, auch bringen muss. Wenn das der Fall ist, brauchen wir uns nur klarzumachen, dass die Seelenverfassung, die Seeleneinstellung, in die der Mensch hineinkommt, wenn er in ehrlicher Weise Geisteswissenschaft zu seinem Besitz macht, geeignet ist, an so etwas wie die Apokalypse so heranzutreten, dass man sich sagen kann: Zwar ist die Apokalypse *einmal* vorliegend, aber diese Apokalypse, indem ich sie auf mich wirken lasse, wird in jedem ihrer Bilder, in jeder ihrer Imaginationen, eins mit meinem eigenen Ich.

Und es kommt dann der Augenblick, wo diese Apokalypse nicht nur eigene Erfahrung, sondern eigenes Erzeugnis des menschlichen Ich sein kann. Wir müssen nur versuchen, im geisteswissenschaftlichen Sinne an die Apokalypse heranzutreten. Einen anderen Zugang zu ihr gibt es heute nicht.

Nun werden wir versuchen, zunächst einige Hauptpunkte der Apokalypse geistig zu begreifen.

«Ich bin das Alpha und das Omega»: In alter Form ausgedrückt, versteht man «ich bin das Alpha» nur, wenn man weiß, dass der Laut als Bestandteil des Wortes in alten Zeiten nicht jenes Abstrakte, Nichtsbedeutende war, als das wir ihn heute empfinden, sondern der Laut wirklich wert war, eine Benennung zu tragen.

Die Menschheit hat die Laute der Sprache, die ein großes Mysterium umschließen, in einer merkwürdigen Weise behandelt. Die Menschheit hat die Laute der Sprache behandelt wie ein Polizeisoldat einen Verbrecher behandelt. Sie hat die Laute der Sprache zunächst in alter Zeit nummeriert, wie wir die Verbrecher nummerieren, wenn sie in ihre Zelle kommen, wie sie da ihre Namen verlieren und Nummern bekommen. Unter der Nummerierung haben die Laute ihre Wesenheit überhaupt verloren. Es ist bildlich gesprochen, aber es ist eine volle Wahrheit.

Denn gehen wir zurück hinter jene Zeiten, in denen man die Laute nummeriert hat – was im späteren Hebräischen der Fall war –, dann finden wir in der Menschheit ein Bewusstsein davon, dass der Laut mit vollem Recht einen Namen trägt, dass man zu ihm sagen kann «Alpha», weil er eine Wesenheit ist, weil er ein Göttliches ist, ein Übersinnlich-Wesenhaftes.

Und schauen wir uns diesen ersten Laut des sogenannten «Alphabets» an, so haben wir schon eine Art von geistiger Entwicklung durchzumachen, wenn wir darauf kommen wollen, was das Alpha eigentlich ist.

Sie wissen, Geisteswissenschaft geht zurück in der Evolution des Irdischen durch Mond und Sonne bis zum Saturn. Es wird versucht, dasjenige innerhalb der Welt heraufzuholen, was mit der Evolution des Menschen zusammenhängt. Denn auf dem Saturn finden wir den ersten kosmischen Menschenkeim, der nach den mannigfaltigsten Transformationen durch Sonne, Mond und Erde der heutige physische Menschenleib geworden ist.

Der Mensch ist auf dem Saturn in seiner ersten Keimanlage vorhanden. Das Leben dieses Menschen war in Wärmezuständen verlaufend, Wärme- und Kältedifferenzierungen nahm der Mensch in sich auf. Er lebte in solchen Zuständen, die ihm viel sagten, aber die ihm doch nur von den Wärmeverhältnissen des Kosmos viel sagten, die ihm viel Geistiges sagten, aber nur ein gewisses Gebiet des Geistes in Wärme- und Kältedifferenzierungen erschlossen.

Wenn wir dann fortschreiten von dem Saturn zur Sonne und finden, dass der Mensch innerhalb seines physischen Körpers nun so lebt, dass dieser physische Körper in Wärme und Luft differenziert ist, sodass der Mensch im Sonnendasein einen aus Wärmeäther und Luftelement bestehenden Organismus hat, dann haben wir schon im Menschen selbst eine Differenzierung. Der Mensch wird innerlich reicher. Er nimmt nicht nur wahr, was während des Saturn in Wärmedifferenzierungen lebte, sondern es taucht auch etwas auf, was man ein Innerliches nennen kann. Was Wärme ist, nimmt der Mensch auf der alten Sonne wahr, er nimmt aber auch einen innerlichen Atmungsrhythmus in sich wahr, der wiederum Geheimnisse des Kosmos ausdrückt, der ein Spiegelbild ist von Geheimnissen des Kosmos.

Wir brauchen nur darauf hinzuschauen, wie die menschliche Wesenheit reicher wird, indem sie sich vom Saturn zur Sonne entwickelt, und wiederum reicher wird, indem sie sich von der Sonne zum Mond und vom Mond zur Erde entwickelt. Reicher wird sie wiederum werden, indem sie sich zum Jupiter, zur Venus und bis hin zum Vulkan entwickelt.

Fragen wir uns nun: Wie ist das Verhältnis des Menschen zur Welt auf dem alten Saturn? Das Verhältnis des

Menschen zur Welt auf dem alten Saturn ist so, dass er von der Welt zwar quantitativ unendlich viel an Wärmedifferenzierungen wahrnimmt, aber qualitativ zunächst noch wenig. Wenig Welt ist im Menschen. Der Mensch ist als Mensch vorhanden, ist aber bloß Mensch, in ihm ist noch nicht viel Welt.

Indem er vorrückt durch Sonne, Mond und Erde bis zum Jupiter, wird sein Inneres mehr und mehr von Welt erfüllt. Immer reicher an Welt wird sein Leben. Hier auf der Erde haben wir schon ein großes Stück Welt in uns. Und wenn einst die Erde angekommen sein wird in dem Stadium, wo sie wieder vergehen wird, wird der Mensch in irdischen Abbildern ein großes Stück Makrokosmos verarbeitet in sich tragen.

Wir tragen es schon in uns, aber mit dem gewöhnlichen Erkennen weiß man es nicht. Indem der Mensch durch Imagination, Inspiration und Intuition zum Geisterkennen aufrückt, wird zu gleicher Zeit sein inneres Leben immer großartiger und großartiger im Seelischen.

Was ist dieses Auge des Menschen, wie es heute das gewöhnliche Bewusstsein kennt! Dieses Auge des Menschen ist ein Kosmos, in jeder seiner Einzelheiten großartig und gewaltig wie der Makrokosmos! Wunderbar enthüllt sich jedes einzelne Organ im Menschen schon im physischen Leib.

Sodass der Mensch, wenn er um sich blickt als Initiierter, eine Welt sieht, eine Welt da unten mit ihren Elementen, da oben mit den Sternen, mit Sonne und Mond. Schaut er in sich: Jedes Organ, Auge, Ohr, Lunge, Leber ist eine Welt für sich. Ein großartiges Ineinanderwirken von Welten ist dieser physische Leib des Menschen – Welten, die fertig sind, Welten, die erst im Keim sind, Welten, die sinnlich sind, die halb übersinnlich, ganz übersinnlich sind. Der Mensch trägt wahrhaftig, indem er sich durch Evolutionen hindurchentwickelt, immer mehr Welt in sich.

Und so können wir unterscheiden den Menschen im Beginn der alten Saturnentwicklung, wo er ganz im Anfang ist, Mensch ist, aber noch nicht die Welt in sich trägt.

Das Erste, was der Mensch aus der alten Saturnentwicklung erhalten hat, war, dass er innerhalb seiner Empfindung, dass er Wärmekörper ist, den Umfang dieses Wärmekörpers wahrnimmt, sodass wir schematisch sagen können: Der Mensch empfindet sich auf dem alten Saturn als Wärme, aber er empfindet dann nach und nach – nachdem er sich nur als Wärmemolluske (Weichtier) gefühlt hat, wie eine Ansammlung von Wärme – etwas wie eine äußere Haut, eine Wärmehaut (s. Zeichnung, S. 67), eine Umhüllung, die etwas kälter als die Wärme in ihm ist. Innen etwas wärmer, in mannigfaltiger Differenzierung, außen eine Wärme von geringerer Intensität als Wärmehaut.

Wir sprechen das in unserer Sprache heute aus, und unsere Sprache hat etwas Abstraktes, unsere Sprache zaubert nicht vor unsere Seele das Großartige einer solchen Vorstellung, wenn wir hineinsehen in die Zeitenläufe und bis zum alten Saturn vordringen. Aber diejenigen, die nur ein wenig von der Anschauung dieser Sache berührt werden, werden wiederum berührt von der heiligen Scheu, mit der solche Sachen angesehen wurden in den alten Mysterien.

65

Noch in den altgriechischen chthonischen (irdischen) Mysterien sprach man von diesen Dingen so, dass man den Menschen kannte, der noch nicht die Wärmehaut hatte, diesen Saturnmenschen, und wiederum den Menschen kannte, der das Erste von der Welt in die Wärmehaut hereingenommen hat. Denn in dieser war eine gewisse Konfiguration, die die Welt nachahmte. Es war das Erste von der Welt.

Wie schaute seelisch-subjektiv das aus, was der Mensch, indem er noch ein Wärmemensch war, in sich erlebte? Das war reine Verwunderung über die Welt! Wenn es ausgedrückt werden soll, so ist es reine Verwunderung. Denn man kann die Wärme nicht anders begreifen denn als reine Verwunderung. Äußerlich ist es Wärme, das Innere ist reine Verwunderung.

Bloß weil die Menschen so unendlich tollpatschig geworden sind, wie es der alte Kant war, sprechen sie von der Unerkennbarkeit des «Dinges an sich». Das Ding an sich der Wärme ist Verwunderung – und der Mensch war als Saturnmensch ebenso gut Verwunderung, wie er Wärmemensch war. Er lebte in Verwunderung, im Staunen über sein eigenes Dasein, denn er kam gerade erst in dieses Dasein.

Das ist «Alpha» (s. Zeichnung, nächste Seite): der in Verwunderung lebende Wärmemensch, der Saturnmensch. Und das Erste, was der Mensch als Welt, als das Gehäuse der Welt empfindet, die Haut, das ist «Beta»: das Haus, sein Haus. Der Mensch war: der Mensch in seinem Haus. Das Haus war das Erste von der Welt, der Tempel, die Haut – Beta.

Und gehen wir jetzt so durch das Alphabet – wir gehen damit die Welt durch! Indem der Mensch alles das, was Welt ist, nach und nach in sich aufnimmt, mit seinem ganzen Wesen vereint, bis er auf dem Vulkan den ganzen Umfang der Welt, zu der er gehört, dieses ganze große All

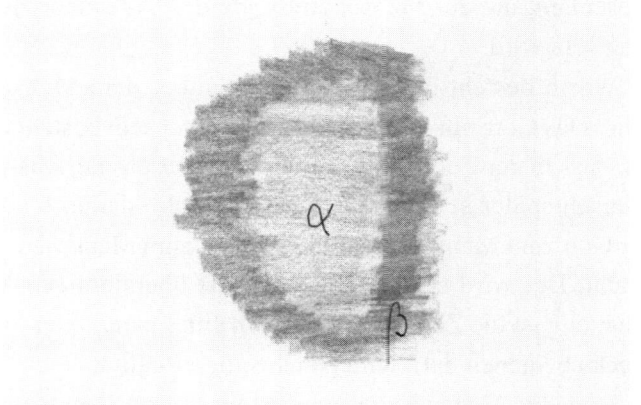

mit sich vereinigt haben wird, da wird er derjenige sein, der er war im Beginn der Saturnentwicklung, und die ganze Welt, indem er Alpha und alles Übrige dazu sein wird. Aber alles Übrige vereinigt sich zuletzt im All der Welt – Omega: der Mensch und in ihm alles, was Welt ist.

Dann haben wir mit dem «Ich bin das Alpha und das Omega» dasjenige Dasein bezeichnet, das der Mensch am Ende der Vulkanzeit sein wird. Am Ende der Vulkanentwicklung wird der Mensch sagen dürfen: Ich bin das Alpha und das Omega.

Schauen wir von dem aus, was wir uns so vorgestellt haben als Anfang, Mitte und Ende der Menschheitsevolution, von dem aus auf das Mysterium von Golgota. Wir haben jene Wesenheit, die sich in dem Jesus durch das Mysterium von Golgota ungefähr in der halben Weltzeit der menschlichen Entwicklung verkörpert, auf dem Standort in der Weltevolution, auf dem der Mensch am Ende der Vulkanentwicklung sein wird. Wir haben als «Gott» die Wesenheit, die der Mensch am Ende der Vulkanentwicklung sein wird.

Worin besteht das Gottsein gegenüber dem Menschsein? Das Gottsein gegenüber dem Menschsein besteht darin, dass in der Zeitenreihe der Gott vorher das ist, was der Mensch später sein wird. Sagen Sie nicht, dadurch wird der Gott zum Menschen heruntergeholt, zum Menschen gemacht. Das wird er nicht, denn für die übersinnliche Anschauung ist die Zeit, wenn ich mich eines paradoxen Ausdrucks bedienen darf, eine gleichzeitige Realität.

Und der Abstand zwischen Mensch und Gott ist nur der des Gottes zu der Zeit, als das Mysterium von Golgota stattfindet. Man darf, wenn man diese Verhältnisse ins Auge fassen will, nicht verschiedene Zeiten und Wesen von verschiedenen Zeiten miteinander in ein Verhältnis bringen.

Sehen Sie, es ist vieles in solchen Schriften, wie die Apokalypse eine ist, was noch in der Mysteriensprache ausgedrückt ist, was nur verstanden werden kann, wenn es aus der Mysteriensprache herausgeholt wird. Aber auf der anderen Seite darf auch nicht übel genommen werden, dass der Verfasser der Apokalypse in der Mysteriensprache spricht, denn in seiner Zeit war das den Leuten noch geläufig.

Sie wussten noch, dass die Laute übersinnliche Wesenheiten sind, dass Alpha der Mensch als übersinnliche Wesenheit in seinem Anfang ist, und dass, schon wenn man vom Alpha zum Beta kommt, man sich vom Menschen zur Welt, das heißt auch zur göttlichen Welt wendet, und dass, wenn man durch alle Laute hindurch zum Omega kommt, man die ganze göttliche Welt im Omega in sich schließt.

Das ist das Erschütternde, dass wir heute mitten in Erlebnissen drinstehen, die für uns Trivialitäten sind. Denn was sind alle die Laute anderes als Trivialitäten für uns? Wer nur Abc kennt, kennt nicht viel, es sind Trivialitäten. Aber diese Trivialitäten, sie weisen im Ausgangspunkt auf göttlich-geistige Wesenheiten hin. Unsere trivialen Buchstaben sind die Abkömmlinge von dem, was der Menschheit einstmals göttlich-geistige Wesenheiten waren.

Das ganze «Alphabet» war eine Summe von solchen göttlich-geistigen Wesenheiten. Götter waren das, Götter waren die Laute, die von allen Seiten an den Menschen herantönten. Die Laute A B: der Mensch in seinem Haus, und so weiter. Alpha bis Omega: der Mensch mit der ganzen Welt in sich. Die Laute empfand der Mensch als dasjenige, was ihn mit Geistigkeit durchdrang, wenn er sie aussprach.

Das war dann der letzte Rest, was in dem Intonieren der Kultussprache in der dritten Mysterienepoche noch da war, dieses Leben des Göttlich-Geistigen in den Lauten. Das wurde in den allerältesten Zeiten noch voll verstanden. Wenn der Mensch nacheinander intonierte, was unser heutiges abstraktes traditionelles Alphabet ist, da intonierte er das Weltenwort, alles, was es gibt, intonierte er. Mit allen Göttern verband er sich. «Im Urbeginne war das Wort» – es ist dasselbe, wenn der Christus sagt: Ich bin das Wort, oder wenn er sagt: Ich bin das Alpha und das Omega.

69

Sie sehen, die Apokalypse ist schon in der Mysteriensprache abgefasst und sie bedient sich noch solcher Bezeichnungen, die an die große Zeit erinnern, wo der Mensch den Makrokosmos als sprechendes Weltall gefühlt hat. Wir haben heute das, was ein höchstes Geistiges für die Menschen war, abgeschattet zur Trivialität der Laute unserer Sprache. Wir müssen fühlen können, was da geschehen ist, denn was ist geschehen? Die Laute sind da, aber die Götter sind nicht mehr in den Lauten da für den Menschen. Die Götter haben die Laute verlassen. Und die «ahrimanischen» Wesenheiten stecken auf dämonische Art in unseren Lauten.

Die Volksvorstellung, dass die Laute unserer Sprache, wenn sie fixiert werden, etwas von Schwarzer Magie in sich enthalten, ist nicht unbegründet. Darin ist eine gesunde Volksvorstellung enthalten, denn unsere Laute sind die ahrimanisierten Götter von ehemals. Die Götter von ehemals haben die Laute verlassen, ahrimanische Wesenheiten sind eingezogen.

Und wenn wir nicht wieder auf diesem Gebiet den Weg zurückfinden, dann wird sich der Mensch durch die Sprache immer mehr mit ahrimanischen Mächten durchdringen.

So fühlend gegenüber der Sprache müssen wir an die Apokalypse herantreten. Dann wird uns erst in aller Größe und Gewalt dasjenige erscheinen, was in der Apokalypse vor unsere Seele hingestellt wird. Denn was will der Verfasser der Apokalypse?

Er will das, was alle anderen wollen, die vom Christus zu Recht sprechen, sodass sie aus der Erkenntnis heraus sprechen: Er will *den Christus* vor die Menschheit hinstellen, er macht aufmerksam darauf, dass er da ist. Er beginnt damit, dass er da ist. Denn nimmt man die ersten Worte der Apokalypse und übersetzt sie sinngemäß in unsere Sprache, so heißt es nichts anderes als:

Siehe die Erscheinung des Christus Jesus! Sieh hin, ich will sie dir zeigen, diese Erscheinung des Christus Jesus, die Gott gegeben hat.

Zuerst wird also darauf hingewiesen, dass der Verfasser der Apokalypse in seiner Art, auf apokalyptische Art, den Christus vor der Menschheit erscheinen lassen will. Aber er macht zugleich darauf aufmerksam: Nicht bloß von der Erscheinung, von der Imagination des Christus Jesus, die ein Schauen voraussetzt, will er berichten, sondern er will auch darauf aufmerksam machen, dass die göttliche Weltenmacht, die diese Erscheinung in die Welt hereingestellt hat, dass sie dasjenige, was sie in die Sichtbarkeit gebracht hat, auch *in Worten* zum Ausdruck gebracht hat.

Diese Worte, die von Gott selbst sind, sie sind die Interpretation der Erscheinung des Christus Jesus. Die hat der Gott «geschickt» durch einen Engel an seinen Diener «Johannes».[5] So müssen wir den Anfang der Apokalypse auffassen.

---

5 «Johannes» ist im Neuen Testament mehr eine Amtsbezeichnung als ein persönlicher Name. Jeder Eingeweihte ist ein «Johannes». Die Überlieferung hat daraus im Laufe der Zeit einen persönlichen Namen gemacht [*Red*].

Es ist von einem Zweifachen die Rede: Es ist die Rede von einer Imagination des Christus und von dem, was die Botschaft vom Christus ist. Und das, wovon im zweiten Satz gesprochen wird, dass es vom «Johannes» bekräftigt und bezeugt wird, das ist die Erscheinung des Christus und die Interpretation dieser Erscheinung:

- der Christus *im Bild* und
- der Christus *im Wort.*

Den Christus im Bild und den Christus im Wort will der Verfasser der Apokalypse vor den Menschen hinstellen.

Und damit werden wir zugleich auf etwas hingewiesen, was damals den Menschen ganz selbstverständlich war, was heute für den Menschen vollständig verloren ist. Wir sprechen heute in unserer ärmlichen Psychologie von Sinneswahrnehmung und Vorstellung. Und damit die Sache möglichst arm wird, lassen die Leute die Sinneswahrnehmung durch die Sinne entstehen und die Vorstellung sich im Inneren machen – alles subjektiv, es ist gar nichts von Kosmischem da. Sie machen aus einer reichen Welt eine «kantige» Welt und es ist vollständig vergessen, dass der Mensch im Weltall drinsteht.

Das, was bei uns zur Armut der Vorstellung zusammengeschrumpft ist, ist das inspirative Element des Wortes: das Zweite, was der Apokalyptiker bekräftigt, wovon er Zeugnis gibt, Mitteilung macht. Das, was wir Wahrnehmung nennen, stellt der Apokalyptiker mit Bezug auf Übersinnliches als die Erscheinung des Christus hin. Sodass wir sagen müssen:

«Siehe die Erscheinung des Christus Jesus, gegeben von Gott, dessen Dienern zu zeigen. Er hat sie in das Wort gebracht und durch seinen Engel an seinen Diener Johannes geschickt. Dieser hat bekräftigt Gottes Wort sowie die Erscheinung des Christus Jesus, wie er sie gesehen.»

Das, was er gesehen hat und was er als Brief von Gott empfangen hat, das will er den Menschen geben.

Es ist notwendig, dass wir in dieser Weise wieder konkret in das Schrifttum des Christentums eintreten. Und es ist die Aufgabe von Ihnen als Priestern, die es aus dem tiefsten, ehrlichsten Impuls Ihres Herzens sein wollen, darauf zu dringen, dass Konkretheit in das Schrifttum hineinkommt.

Denn ist die Sache nicht so, dass wenn der Mensch heute mit dem, was seine brutale Sprache ist, das Evangelium liest, er unehrlich zu Werke geht, wenn er sagt, er versteht es?

Das, was ich Ihnen gesagt habe, steht im Beginn der Apokalypse in einer Übersetzung so: «Dies ist die Offenbarung Jesu Christi, die ihm Gott gegeben, seinen Knechten zu zeigen, und hat sie gedeutet und gesandt durch seinen Engel zu seinem Knecht Johannes». So steht es da! Und es wird in aller Welt dies den Leuten als Wortlaut der Apokalypse gesagt. Aber niemand kann sich in Wirklichkeit etwas darunter vorstellen. So ist es auch beim größten Teil der Evangelien.

Weil man mit dem Wortlaut, der nichts mehr gibt von dem, was da steht, den Leuten weismachen will, dass dieser

Wortlaut etwas ist, dadurch ist allmählich die Vorstellung entstanden, dass man überhaupt nicht tiefer in die Evangelien eindringen soll. Denn wie sollte man das eigentlich machen? Man kann die Evangelien in irgendeiner modernen Sprache lesen: Wenn man ehrlich ist, hat man sie nicht mehr. Denn was in den modernen Sprachen steht, drückt nichts mehr aus.

Man muss erst wieder zurückgehen auf das, was da ist, wie wir es in Bezug auf die zwei ersten Sätze gemacht haben und weitermachen werden.

Oder man wird sagen: Für gewisse Partien der Evangelien müssen wir zum Griechischen zurückgehen. Nun, ich habe allen schuldigen Respekt vor dem Griechischkönnen unserer Zeitgenossen, die sich redlich Mühe geben im Verständnis des Griechischen. Aber die Wahrheit ist, dass heute kein Mensch mehr Griechisch versteht, weil wir überhaupt nicht mehr das in uns haben, was der Grieche hatte, wenn er sprach oder wenn er zuhörte.

Wenn wir jemandem zuhören oder selbst sprechen, sind wir im Grunde genommen Mehlsäcke. Wir bleiben innerlich so ruhig, wie das Mehl im Sack ruhig bleibt, wenn es ordentlich verpackt ist.

Das war beim Griechen nicht der Fall, im Griechen vibrierte sein Bewusstsein, wenn er zuhörte, es wurde innerlich lebendig, und aus der Lebendigkeit heraus sprach er. Die Worte, die er hörte und die er sprach, waren für ihn noch lebendige Körper, waren lebendig. Gar nicht zu reden von den orientalischen Völkern. Heute sind sie in der Dekadenz, aber nicht so wie der europäische Mensch, dass sie sich nicht mehr innerlich lebendig verhalten, wenn sie sprechen oder zuhören.

Hören Sie nur dem Orientalen zu, wie Sie es bei einem nicht sehr hervorragenden Exemplar wie Rabindranath Tagore tun können, hören Sie zu, wie diese Menschen selbst in ihren weniger bedeutenden Exemplaren das innere Weben und Wesen darstellen, das in der Sprache leben kann.

Heute hat man die Sprache so, dass man meint, man hätte sie, wenn man ein Lexikon nimmt und auf der einen Seite das englische, auf der anderen Seite das deutsche Wort steht. In vollkommener Ruhe setzen die Menschen die deutschen Worte, wo die englischen stehen. Gar keine Ahnung haben sie, dass man da über einen Abgrund schreitet, in eine ganz andere Welt kommt, dass wirklich das, was in der Sprache lebt, als ein Göttliches behandelt werden muss.

Das muss dem Menschen wieder zum Bewusstsein kommen. Dann wird er innerlich die Forderung stellen, zu dem zurückzukehren, was aus den alten Mitteilungen herausschwingt, wie zum Beispiel aus so etwas wie der Apokalypse, die vor unsere Seele die Erscheinung des Christus Jesus als eine gewaltige Erscheinung hinzaubert. Diese steht so vor uns, wenn wir sie schauen können, wie wenn uns das ganze Wolkenelement seine ganz wunderbare Herrlichkeit hergeben würde, sich plötzlich konzentrieren würde, Menschengestalt und Engelgestalt annehmen würde, Vergangenheit, Gegenwart und Zukunft aus der Wolkensubstanz herauswellen und den spirituellen Substanzgehalt der Welt offenbaren würde, der den

Menschen in sich einschließt. So ist hingestellt die Erscheinung des Christus Jesus.

Diese Erscheinung ist zunächst da, sodass wir vor ihr verstummen, dass wir eins mit der Welt werden, dass wir selbst aufhören, für unser Bewusstsein da zu sein, dass wir der Erscheinung so gegenüberstehen, dass die Erscheinung allein da ist und wir nichtig werden.

Darauf gewahren wir hinter der Erscheinung den offenbarenden Gott, den Vatergott, der die Erscheinung gegeben hat. Er hält hinter der Erscheinung das inspirierende Wort. Das Wort, das die Interpretation der Erscheinung ist, das ist sein Geheimnis. Aber die Zeit ist da, in welcher das Geheimnis von Gott einem Engel gegeben wird, der es als die briefliche Botschaft Gottes auf dem Weg, auf dem die Inspiration von Gott zu den Menschen kommt, zu dem Menschen herunterbringt.

Sobald der Mensch verstummt ist, verschwunden ist, aufgegangen ist in der Erscheinung, beginnt er nicht mehr in sich zu sein, sondern innerlich nimmt er jetzt den göttlichen Brief auf, den er erst zu entsiegeln hat, der mit sieben Siegeln verschlossen ist, den nimmt er auf als ihm von der Gottheit mit sieben Siegeln übersandten Brief. Das ist er selbst, denn er kommt dazu, als seine eigene Ich-Wesenheit das zu sehen, was in dem Brief steht. Dann steht er mit göttlichen Ideen, mit göttlichen Begriffen, mit göttlichen Vorstellungen vor der Erscheinung.

Wenn wir uns den Apokalyptiker so vorstellen, die Erscheinung des Christus Jesus vor sich, selbstlos für sich verschwindend, wenn wir ihn empfangen sehen von dem

Engel den siebenfach versiegelten Brief Gottes und in ihm den Entschluss entstehen sehen, den Brief Gottes selbst zu entsiegeln und den Inhalt der Menschheit mitzuteilen, dann haben wir das Bild, die Imagination, die im Ausgangspunkt der Apokalypse steht.

Denn im aufgenommenen Buch müssen wir das Wort, das dasteht, so deuten, dass es so ist, wie er es in der Imagination beschrieben hat – das will der Verfasser der Apokalypse sagen. Deshalb sagt er: «Selig ist, wer da liest und wer da hört die Worte im Makrokosmos, und der da aufnimmt und in sich bewahrt, was geschrieben ist in dem Buch, wenn der Mensch es versteht. Dazu ist die Zeit gekommen.»

Sie ist gekommen, die Zeit. Es ist nicht bloße Willkür, es liegt im Karma der Menschheit, dass wir jetzt in diesem Zusammenhang die Apokalypse besprechen.

Vierter Vortrag

Briefe an die Gemeinden
Ephesus und Sardes als Polarität

Dornach, 8. September 1924

Meine lieben Freunde!

Das Bild, welches das Bild des Verfassers der Apokalypse ist, haben wir gestern vor unsere Seelen hingestellt. Und bemerken durfte ich, wie dieses Bild dasjenige darstellt, was die Erscheinung des Christus ist, die von dem Vatergott hingestellt ist, und wie dann dasjenige, was die Erklärung des Bildes ist, was zum Verständnis des Bildes führen soll, wie ein «Brief» von Gott selbst an den Apokalyptiker aufzufassen ist.

Es liegt im Wesen der Mysterien und der Art, wie man aus den Mysterien heraus spricht und vorstellt, wie dann im Weiteren auch der Verfasser der Apokalypse selbst als Briefschreiber aufgefasst wird. Denn im Wesen der Mysterien war es so, dass der Schreiber eines solchen Dokumentes sich nicht als der Verfasser fühlte in dem Sinne, wie wir heute den Verfasser eines Werkes auffassen, sondern er fühlte sich als das Werkzeug eines geistigen Schreibers. Er fühlte, dass in dem unmittelbaren Aufschreiben nichts Eigenes mehr enthalten ist.

Deshalb darf der Apokalyptiker die Sache weiter so behandeln, wie wenn er unter göttlichem Befehl dasjenige, was er zu schreiben hat, als eine göttliche Botschaft schreibt. Und das geht in einer wirklich mysterienhaften Art aus allem Folgenden hervor.

Die Gegenwart bedarf wieder des Verständnisses solcher Dinge, wie in der Apokalypse der Übergang ist von der ersten Erscheinung zu den darauffolgenden sieben Sendschreiben an die einzelnen Gemeinden. Denn die Gegenwart hat das Verständnis dieser Dinge, die gang und gäbe (üblich) waren in den Mysterien und die auch noch in der Denkweise des ersten Christentums lagen, ganz und gar vergessen.[6]

Was in der Apokalypse da gesagt wird, was «inspiriert» geschrieben worden ist, wird gerichtet an den Engel der Gemeinde zu Ephesus, der Gemeinde zu Thyatira, der Gemeinde zu Sardes und so weiter. An «Engel» sollen diese Briefe gerichtet werden. Das ist dasjenige, worüber das moderne Verständnis sogleich stolpern muss. Aber es ist wesentlich, dass wir das Folgende gut auffassen.

Zu mir kam einmal ein Mann, der sich in der letzten Zeit seines Lebens ungeheuer stark bemühte, zum vollen Verständnis der anthroposophischen Geistesanschauung zu kommen.[7] Er sagte zu mir: Es scheint so, als ob durch die

---

6   Und das ist wieder etwas von dem, was in der weiteren Entwickelung Eures Priestertums an Euch ist, weiterzuführen. Ihr müßt bedenken: was in der Apokalypse da gesagt wird …

7   Ihr müßt solche Dinge gerade in Eurem Priestertum wissen, denn es sind ja schließlich Typen, typische Erscheinungen der Gegenwart. Es ist ein Beispiel, das ich herausgreife, in dem die Sache, auf die es ankommt, besonders eklatant hervortritt aber es ist etwas, was auf Euren Priesterwegen Euch immer begegnen wird. Und auf das Wirken auf Eurem Priesterweg kommt es ja an.

Geisteswissenschaft angestrebt wird, die Bibel wörtlich zu nehmen. Ich sagte ihm: Ja! Dann brachte er mir allerlei Beispiele vor, von denen er meinte, dass die Bibel doch nicht wörtlich genommen werden kann.

Ich sagte zu ihm: Gewiss, es gibt sehr viele sogenannte Mystiker, Theosophen und so weiter, die suchen in der Bibel allerlei Symbole und dergleichen, lösen die Bibel in lauter Symbole auf. Das tut Geisteswissenschaft nicht. Sie sucht nur das, was sie dazu führen kann, den wirklichen ursprünglichen Text in seiner Bedeutung zu lesen. Und da habe ich, so sagte ich, noch nie gefunden, dass, wenn man gegenüber den in der späteren Zeit entstandenen Missverständnissen auf den ursprünglichen Text kommt, die Bibel nicht überall, wo ich es nachprüfen konnte, wörtlich zu nehmen ist.

Das gerade ist als letztes Ziel zu erreichen: das Wörtlichnehmen der Bibel. Man kann geradezu sagen: Derjenige, der die Bibel noch nicht wörtlich nehmen kann, hat für die Stelle, wo er die Bibel nicht wörtlich nehmen kann, sie noch nicht begriffen. Das ist für die neuere Zeit allerdings für sehr vieles der Fall.[8]

---

8 Hier sind wir an einer solchen Stelle. Hier berühren wir überhaupt etwas Esoterisches, das vielleicht im bisherigen Verlauf unseres Zusammenseins noch nicht so stark hervorgetreten ist, das aber doch einmal auch vor Euren meditativen Sinn treten muß. Denn zuweilen heute – ich möchte sagen, nicht wie Blitzesflammen, denn die kommen von oben her, aber wie Vulkanflammen, denn die kommen von unten her, sprießt, spritzt da mancherlei, was in diesem oder jenem Bekenntnis von alten Mysterien zurückgeblieben ist.

So gibt es einen Hirtenbrief eines Erzbischofs – ich habe diese Tatsache schon öfter erwähnt –, der nichts Geringeres als das Folgende behauptet. Darin ist die Frage aufgeworfen: Wer ist höher, der Mensch oder Gott? Und es ist in diesem Hirtenbrief, obwohl in einer gewundenen Rede, aber auf der anderen Seite wieder unverblümt darauf aufmerksam gemacht, dass, wenn der Priester am Altar steht – also der Mensch als Priester am Altar steht, von den übrigen Menschen gilt das nicht, aber von dem Priester –, so ist er höher als Gott, mächtiger als Gott, denn er kann Gott zwingen, irdische Gestalt in Brot und Wein anzunehmen. Wenn der Priester «konsekriert», die Wandlung° vollzieht, dann muss der Gott am Altar anwesend sein.

Es ist eine Auseinandersetzung, die tief ins alte Mysterienwesen zurückgeht, aber schließlich auch eine Auseinandersetzung, die innerhalb des esoterischen Brahmanismus im Osten° heute, insofern er aus dem Mysterienwesen heraus ist, noch geläufig ist.

Die Vorstellung ist im Einklang mit allem Mysterienwesen, dass der Mensch ein Wesen ist, das die Gottheit mit umspannt, eigentlich der Höhere ist gegenüber der Gottheit. Und das wusste der Brahmanenpriester von ehemals in der Verfassung seiner Seele, sodass er sich fühlte als der «überpersönliche» Träger der Gottheit, wenn ich es so ausdrücken darf.

Eine schwerwiegende Vorstellung, die da hereinleuchtet aus altem Mysterienwesen! Aber sie muss schließlich wenigstens dem meditativen Leben der Priesterseele einmal anvertraut werden – und sie widerspricht vollständig dem, was sich im evangelischen Bewusstsein nach und nach ergeben hat.

Dem evangelischen Bewusstsein gegenüber ist das, was in dem angeführten Hirtenbrief steht, natürlich eine Torheit – nun, wir werden im Laufe dieser Apokalypse-Auseinandersetzung noch darauf zurückkommen. Es ist darin nur die ins Groteske gehende Vorstellung, die uns auch an dieser Stelle der Apokalypse entgegentritt, auf die ich hier hinweise.

Der Apokalyptiker schreibt im göttlichen Auftrag, unter göttlicher Inspiration an die Engel der sieben Gemeinden. Er fühlt sich also in dem Zustand, in dem er da schreibt, als derjenige, der den Engeln der sieben Gemeinden Rat, Mahnung, Mission und so weiter geben soll. Wie ist die konkrete Vorstellung? Auf wen hat man deuten müssen, wenn zum Beispiel von dem Engel der Gemeinde zu Ephesus oder Sardes oder Philadelphia die Rede war? Auf wen hat man deuten müssen?

So wenig das dem heutigen Menschen verständlich ist: Damals gab es Menschen – Menschen, die man heute «gebildete» Menschen nennen würde, christlich gebildete Menschen würde man heute zu den in analoger Lebensstellung befindlichen Menschen sagen –, es gab damals einen Kern der Menschheit, der verstand, was das heißt: Es schreibt eine prophetische Natur, eine weissagende Natur wie der Apokalyptiker, der, indem er in dieser Seelenverfassung ist, in der er schreibt, höher steht als die Engel. Er schreibt an die Engel der Gemeinden.

Aber man hätte unter den Leuten, die das verstanden, gar nicht einmal auf ein Übersinnliches hingedeutet, indem man «Engel» sagte. Man hatte die Vorstellung: Christliche Gemeinden sind gegründet worden, bestehen fort, und der Schreiber der Apokalypse denkt so, dass er seine Briefe an zukünftige Zeiten richtet, in denen das, was er von diesen Gemeinden sagen muss, kommen wird. Er spricht nicht von den gegenwärtigen Zuständen, er spricht von zukünftigen Zuständen.

Aber diejenigen, die damals aus dem, was sich als traditionelle Anschauung aus den alten Mysterien heraus ergab, auf den hätten deuten wollen, der der Briefempfänger sein soll, hätten auf den der Gemeinde vorstehenden Bischof gedeutet.

Auf der einen Seite waren sie sich durchaus klar darüber, dass der eigentliche Leiter der Gemeinde der übersinnliche Engel ist, auf der anderen Seite hätten sie auf den Bischof gedeutet, auf den kanonischen Verwalter der Gemeinde. Denn es war die Vorstellung die, dass indem jemand der Verwalter einer solchen Gemeinde wie die zu Sardes, Ephesus oder Philadelphia ist, dass der Verwalter einer solchen Gemeinde in seiner Würde der Träger, der irdische Träger einer übersinnlichen Engelwesenheit ist.

Sodass also tatsächlich der Apokalyptiker, indem er schreibt, sich als ein innerlich von einem höheren Wesen Erfasster fühlt, als es ein Engel ist. Er schreibt an die Bischöfe der sieben Gemeinden als Menschen, die durchdrungen sind nicht nur von ihrem eigenen Engel – das ist ja

84

jeder –, sondern die durchdrungen sind von dem leitenden, führenden Engel der Gemeinde.

Und nun spricht er davon, was er diesen Gemeinden zu sagen hat. Er weist auf die Zukunft hin. Und wir müssen die Frage aufwerfen: Warum werden sieben Briefe an sieben Gemeinden gerichtet?

Diese sieben Gemeinden sind die Repräsentanten der verschiedenen Nuancen, in denen das Christentum aus Heidentum und Judentum hervorgegangen ist. Für das Konkrete war in jenen Zeiten ein viel intensiveres Verständnis als später.

Man wusste in der Zeit, aus der die Apokalypse stammt, ganz genau: Da ist zum Beispiel die Gemeinde zu *Ephesus*. Diese Gemeinde zu Ephesus hat einstmals die ganz grandiosen Mysterien von Ephesus geboren, in denen auf die Weise, wie es in alten Zeiten üblich sein konnte, auf die künftige Erscheinung des Christus hingewiesen worden ist – in der Art, wie es damals nötig war. Ein Kultus war in Ephesus, der vermitteln sollte die Verbindung der in Ephesus Opfernden und der Zeugen der Opfer mit den göttlich-geistigen Mächten, aber auch mit dem kommenden Christus. Und die alte heidnische Gemeinde von Ephesus war als heidnischer Kultus diejenige, die in ihrer Prophetie des künftigen Christus dem Christentum ganz besonders nahegestanden hat.

Daher wird an den Engel der Gemeinde von Ephesus geschrieben von den sieben Leuchtern. Die Leuchter sind die Gemeinden selbst, das wird in der Apokalypse ausdrücklich ausgesprochen. Gerade die Gemeinde von

Ephesus wird als dasjenige genommen, was in seiner wahren Gestalt, wie es dasteht, genommen werden muss. Deutlich wird darauf hingewiesen, dass diese Gemeinde von Ephesus diejenige war, die am intensivsten das Christentum aufgenommen hat, die mit der ersten Liebe dem Christentum zugetan war.

Denn es wird gesagt: Sie hat sich diese «erste Liebe» nicht bewahrt. Von dieser künftigen Zeit, die in Aussicht steht, von der will der Apokalyptiker sprechen in seinem Brief.

Und so sehen wir schon an diesem Beispiel des Mahnbriefes an die Gemeinde zu Ephesus, dass der Apokalyptiker meint, er soll die Entwicklung, die die Gemeinde nimmt, so charakterisieren, dass in der Gemeinde auf das geschaut wird, was aus alten Zeiten herauflebt.

Es war in der Tat so, dass die einzelnen Gemeinden, von denen hier die Rede ist, verschiedene Nuancen des Heidnischen und des Jüdischen darstellten, verschiedene Kulte hatten und sich durch diese verschiedenen Kulte in verschiedener Weise den göttlichen Welten näherten. Und jeder Brief beginnt so, dass man sieht: In jeder dieser Gemeinden hat sich aus alten heidnischen Diensten auf besondere Art das Christentum herausentwickelt.

Man muss sich nur klar darüber sein, dass in den ersten Zeiten der christlichen Entwicklung eine Seelenverfassung der Menschen noch da war, die ganz verschieden ist von der heutigen Seelenverfassung, insbesondere in Europa – im Osten° ist es ja nicht so. Dieses Sehen des Religiösen in einem begrifflichen Inhalt, den man logisch charakterisieren kann, das war den ersten christlichen Jahrhunderten aus den alten Mysterienvorstellungen heraus noch ganz fremd, wirklich ganz fremd.

Da sagte man sich etwa: Der Christus ist die eine Erscheinung des gewaltigen Sonnenwesens. Zu ihm streben muss aber die Gemeinde von Ephesus, die Gemeinde von Sardes, von Thyatira und so weiter, jede auf ihre Art, jede aus ihrem Kultus heraus. Jede kann auf ihre besonders nuancierte Weise sich ihm nähern. Und dass das durchaus zugegeben wird, das ist überall angedeutet.

Man bedenke nur das Folgende, man nehme eine solche Gemeinde wie die von Ephesus, die fortsetzen musste die alten, tiefen Mysterien von Ephesus. Sie musste anders sein als zum Beispiel die Gemeinde von Sardes. Die Gemeinde von Ephesus, sie hatte einen Kultus, der tief durchdrungen war von der Anwesenheit göttlich-geistiger Wesen im irdischen Leben. Der Priester, der in Ephesus herumging, hätte sich ebenso gut als Gott wie als Mensch bezeichnen können. Er wusste sich als Träger des Gottes. Das ganze Bewusstsein des Religiösen in Ephesus wurzelt in Theophanie, in der Erscheinung des Gottes im Menschen. Die Priesterschaft in Ephesus stellte jeweils den entsprechenden Gott dar. Und es war sogar ihre Aufgabe, dieses Theophanische, dieses Zur-Erscheinung-Bringen des Göttlichen, so recht in die Seelen hineinzubringen.

Nehmen wir an, unter den Priesterinnen von Ephesus ging in der Verrichtung der Kultushandlungen diejenige herum, die im Wesentlichen die lebendige Ausgestaltung, die menschliche Ausgestaltung der Artemis, der Diana, der Mondgöttin war. Von den Leuten wurde verlangt, dass die irdische Erscheinung nicht unterschieden wird von der Göttin selbst, sondern dass in der irdisch-menschlichen Erscheinung die Göttin gesehen wird.

Alte Mysterienveranstaltungen, zum Beispiel öffentliche Aufzüge, stellten hintereinander gehende Menschen dar, die die Götter waren. Und man musste, wie man heute lernen muss, adäquate Begriffe über die Dinge zu haben, so musste man damals die Seelenvorstellung und Seelenempfindung sich beibringen, in dem Menschen, der Priester oder Priesterin war, den Gott zu sehen.

Daher ist es auch kein Wunder, dass, nachdem der Apokalyptiker die Allüre annimmt, wie ich es angedeutet habe, in der Mysteriensprache zu sprechen, er sich gerade an die Gemeinde von Ephesus wendet, wo diese besondere Art zu denken, zu fühlen, zu empfinden am intensivsten ausgebildet war. Daher war es der Gemeinde von Ephesus natürlich, das wesentlichste Symbol des Kultus in den sieben Leuchtern zu sehen. Sie stellten dar das Licht, das auf der Erde lebt, das aber ein göttliches Licht ist.

Ganz etwas anderes war da bei der Gemeinde von *Sardes*. Diese Gemeinde war die christliche Fortsetzung eines alten astrologischen Sternendienstes, eines sehr ausgebildeten astrologischen Sternendienstes, wo man wirklich wusste, wie der Gang der Sterne mit den irdischen Angelegenheiten zusammenhängt, wo man alles, was im Irdischen geschah, was man als höherer oder niederer Häuptling befahl, aus den Sternen ablas.

Die Gemeinde von Sardes war herausentwickelt aus einem Mysterienwesen, das im höchsten Grad auf die Erforschung der Lebensgeheimnisse und Lebensimpulse aus dem nächtlichen Sternenhimmel rechnete. Bevor man von der Gemeinde von Sardes als einer christlichen sprechen konnte, musste man von ihr gerade als derjenigen sprechen, die am meisten festhielt an dem alten traumhaften Hellseherzustand, denn gerade diesem traumhaften Hellseherzustand ergab sich das nächtliche Geheimnis des Makrokosmos. Und wenig wurde da, wo festgehalten wurde an dem alten traumhaften Hellseherzustand, der da als Tradition fortbewahrt wurde, wenig wurde da gesehen auf das, was der Tag gibt.

In dieser Beziehung ist schon wirklich sehr bezeichnend der Unterschied des Sonnendienstes und der Sonnenlehre zu Ephesus und zu Sardes, ich meine insofern man wirklich bei Ephesus wie bei Sardes von alten Weistümern (Weisheitsschätzen) sprechen kann. Denn man lehrte in allen diesen alten Mysterien – und die Lehre der Mysterien ging dann hinaus zu den Laien – das, was für die damalige Zeit auch Wissenschaft war.

In Ephesus war eine solche Sonnenlehre, dass man schon unterschied zwischen den fünf Planeten Saturn, Jupiter, Mars, Venus und Merkur, die man auf der einen Seite nahm, und der Sonne und dem Mond auf der anderen Seite. Man zeichnete schon die Sonne aus, die wir ja heute gegenüber den Planeten einen Fixstern nennen, man zeichnete sie aus, indem man sie abtrennte, weil man sie in Ephesus vor allen Dingen als Tagesgestirn verehrte, weil man vom

Aufgang bis zum Niedergang in der Sonne das Leben spendende Prinzip sah.

So war es nicht in den alten Zeiten zu Sardes. In Sardes gab man nichts auf die Tagessonne, man empfing ihr Licht als eine Selbstverständlichkeit, aber man gab nichts auf die Tagessonne in der Stadt, die als Sardes bekannt ist, sondern da galt nur die Nachtsonne, das, was man in den alten Mysterien die «Mitternachtssonne» nannte, die als gleichbedeutend mit den Planeten angesehen wurde – ebenso wie man den Mond nicht von den übrigen Planeten unterschied. Die Sonne wurde als mit den anderen gleichstehender Planet angesehen.

In Sardes war es so, dass man aufzählte: Saturn, Jupiter, Mars, Venus, Merkur, Sonne, Mond. So hätte man es in Ephesus nicht gemacht, in Ephesus zählte man: Saturn, Jupiter, Mars, Venus, Merkur auf der einen Seite, auf der anderen Seite die dem Erdenleben nahestehenden Tag- und Nachtgötter Sonne und Mond. Das ist also der große Unterschied. Und darauf bezog sich alles Kultische in Ephesus und in Sardes.

Es war in dieser ersten christlichen Zeit so, dass in Ephesus der alte heidnische Kultus fortlebte, der nur nach dem Christlichen hin orientiert war, in Sardes die Nuance des alten heidnischen Kultus fortlebte, die nach diesem Astrologischen hin orientiert war. Daher ist es natürlich, dass der Apokalyptiker von Sardes schreibt, das da hat «die sieben Geister Gottes und die sieben Sterne». Jetzt sind es nicht die Leuchter, welche auf dem Altar stehen, nicht das Licht, das mit der Erde verbunden ist, sondern das, was oben im Makrokosmos steht.

Aber wie tief der Schreiber der Apokalypse noch im alten Mysterienwesen steht, können wir entnehmen, wenn wir uns die Frage beantworten: Was wirft der Apokalyptiker der Gemeinde von Sardes als dasjenige vor, auf das sie besonders zu achten hat? Der Gemeinde von Sardes wirft er in erster Linie vor, dass sie «wachen» soll, dass sie den Übergang zur Tagessonne finden soll, zu der Aufgangsstätte des Christus.

Bis ins Wort ist daher dasjenige, was da steht, im eigentlichen Sinne zu nehmen, wenn man nur zum ursprünglichen Sinn wirklich vordringt und weiß: Es handelt sich bei diesen Dingen darum, dass in alten Zeiten mit dem religiösen Leben so verfahren worden ist, wie der Apokalypsenschreiber als der Letzte im großen Stil verfahren ist, wie aber zum Beispiel Alexander der Große mustergültig bei der Ausbreitung des religiösen Lebens verfahren ist, wie es uns überall entgegentritt, wenn wir die religiösen Ausbreitungszüge in alter Zeit ins Auge fassen. Da ist kein Überreden mit Dogmen, da wird das gelassen, was irgendeine Volksgemeinschaft hat an Kultus, an Überzeugung – und so viel hineingegossen, als gerade aufgenommen werden kann.

So sind zum Beispiel auch die Sendboten Buddhas heraufgezogen nach dem babylonischen Gebiet. Nachdem sie gewirkt hatten, konnte man nicht im Äußeren des Kultus und im Gebrauch des Wortes wesentlich die spätere Zeit von der früheren unterscheiden. Innerlich war sie aber gewaltig zu unterscheiden, denn hineingegossen war in das, was dem Gott geheiligt war, dasjenige, was die besondere

Nuance des Kultus, des Opferdienstes, der Überzeugung aufnehmen konnte. Etwas Ähnliches findet auch in europäischen Gebieten in den älteren Zeiten statt: nicht ein eigenmächtiges Überfluten der Menschen mit Dogmen, sondern ein Anknüpfen an das alte Mysterienwesen.

Sehen Sie, das sind zunächst Bausteine, die man kennen muss, damit man so etwas wie die Apokalypse richtig liest, damit nicht auch nur ein spärlicher Rest von dem Absurden zurückbleibt, zu dem man vielfach in Bezug auf die Apokalypse gekommen ist.

Dieses tolerante Hineinbauen in das Bestehende, das zum Beispiel dem Apokalypsenschreiber öfter das Wort in den Mund gibt: «Ihr wollt Juden sein und seid es nicht», was er aus dem Herzen, aus der Seele der dort sitzenden Leute sprechen will, solche Dinge und andere haben dazu geführt, die Apokalypse überhaupt nicht als christliches, sondern als jüdisches Dokument gelten zu lassen. Man muss aber verstehen, wie diese Dinge aus der alten Vorstellungsweise hervorgegangen sind. Wir werden auf die Einzelheiten dann genauer einzugehen haben.

Aber eine Vorstellung muss heute schon berührt werden, das ist die: Der, der damals unter Inspiration schrieb, der war sich klar darüber, dass man in einer bestimmten Anzahl Typen, typischer Erscheinungen, eine Wirklichkeit erschöpft. Nun sehen wir uns an, wie wunderbar individuell die sieben Gemeinden in den sieben Briefen der Apokalypse charakterisiert sind! Ganz wunderbar stehen sie fest da, alle so beschrieben, dass sie sich scharf voneinander abheben, jede sich uns in scharfer Eigenart darstellt.

Aber der Schreiber der Apokalypse ist sich klar darüber gewesen: Würde er eine achte Gemeinde beschreiben, so würde er wiederum etwas beschreiben müssen, was einer der vorhandenen Gemeinden ähnlich wäre. Ebenso würde das bei einer neunten so sein. In diesen sieben Nuancen ist zugleich alles Mögliche beschrieben, darüber war er sich klar.

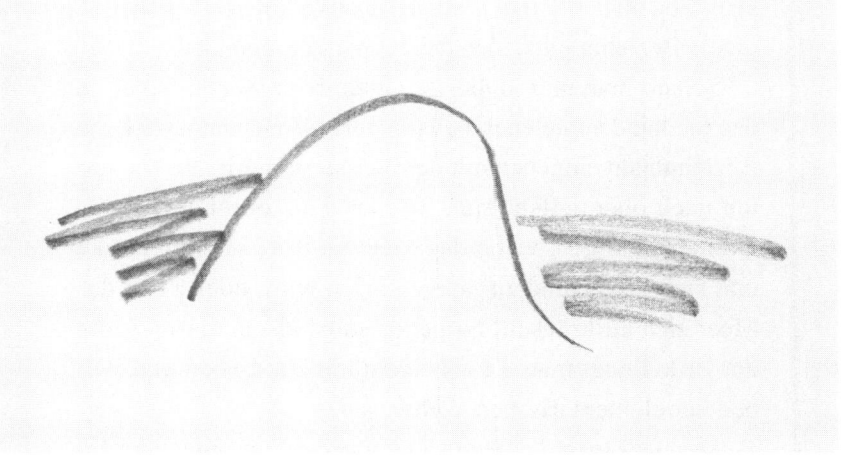

Wiederum eine wunderbare Vorstellung, die aus alten Zeiten heraufragt. Mir ist das vor kurzer Zeit wiederum so lebendig entgegengetreten, als wir hinausfuhren von Torquay, wo wir unsere englischen Sommerkurse hatten, nach der Stätte, wo einst das Schloss des Artus stand, des Artus mit seinen zwölf Rittern. Man sieht es heute noch dem lebendigen Wesen dieser Stätte an, was sie einmal bedeutete. Man sieht diese in das Meer hinausgehenden Landvorsprünge – in der Mitte ein Berg, hier das Meer und da das Meer (s. Zeichnung) –, die besetzt sind mit den noch spärlich vorhandenen Ruinen der alten Artus-Schlösser. Und man richtet von dort den Blick hinaus auf das Meer, das dadurch eine wunderbare Gestalt hat. Man sieht das Meer diese dortige Gegend so merkwürdig durchseelen mit dem Bild, das einen Eindruck darbietet, der fortwährend wechselt. Während wir dort waren, wechselten rasch, in verhältnismäßig kurzer Zeit hintereinander Sonnenschein und Regen. Das ist natürlich in der alten Zeit auch der Fall gewesen, es ist heute sogar stiller, in dieser Beziehung hat sich das Klima dort geändert.

Schaut man nun in dieses wunderbare Wechselspiel, in das Ineinanderspielen der elementarischen Lichtgeister, die Beziehungen eingehen mit den Wassergeistern, die von unten nach oben aufstrahlen, wieder ganz besondere Geistererscheinungen, wenn das Meer an das Land anbrandet und sich losringend zurückgeworfen wird, oder wenn das Meer sich aufkräuselt. Nirgends sonst als an dieser Stätte der Erde findet man dieses eigentümliche Leben und Weben der elementarischen Weltwesen.

Das, was man da sehen kann, war das Instrument der Inspiration für die Artus-Teilnehmer. Sie empfingen die Antriebe zu dem, was sie tun sollten, aus dem, was ihnen mithilfe dieser Meer- und Luftwesen gesagt wurde. Diese Leute wiederum, sie konnten nur zwölf sein. Ich sage, es trat das mir hervor, weil man tatsächlich heute noch wahrnehmen kann, worauf diese Einsetzung der Zwölfzahl beruht.

Es gibt zwölf Nuancen des Wahrnehmens, wenn man in dieser Art mit durch elementarische Wesen zustande gekommenen Weltwahrnehmungen zu tun hat, zwölf Arten des Wahrnehmens. Wenn man aber als einzelner Mensch alle zwölf erfassen will, so wird immer die eine durch die andere undeutlich. Die Ritter von Artus' Tafelrunde haben es daher so veranstaltet, dass jeder nur eine von diesen zwölf Nuancen aufgefasst hat. Aber sie waren überzeugt, damit hat jeder ein von dem anderen scharf differenziertes Gefühl von dem Weltall, dessen Aufgaben sie übernahmen. Aber es konnte keinen Dreizehnten geben, der hätte wieder einem von den Zwölfen ähnlich sein müssen.

Es liegt hier klar die Vorstellung zugrunde: Wenn Menschen sich ihre Aufgaben in der Welt teilen wollen, müssen es zwölf sein. Die bilden ein Ganzes, sie stellen die zwölf Nuancen dar. Wenn Menschen in Gemeinschaften, in Gemeinden, der Welt gegenüberstehen, bringt dies die Siebenzahl. Diese Dinge wusste man damals.

Der Apokalyptiker schreibt noch aus diesem übersinnlichen Zahlenverständnis, und so spricht er im weiteren Verlauf der Apokalypse – ich will heute nur über das Lesen der Apokalypse reden. Er macht uns darauf aufmerksam, wie unter den Erscheinungen diejenige da ist, dass er den Stuhl des Christus sieht, des verklärten Menschensohnes, um den herum 24 Älteste sind. Hier haben wir eine Nuancierung nach 24. Was bedeutet diese Nuancierung nach 24?

Gemeinden haben eine Nuancierung nach Sieben, leibhaftige Menschen auf dem physischen Erdenrund haben eine Nuancierung nach Zwölf. Wenn es sich aber darum handelt, den Menschen als Repräsentanten der Entwicklung im überirdischen Leben anzusehen, dann kommen wir wiederum zu einer anderen Zahl. Es gibt Führer der

Menschheit, die von Epoche zu Epoche das zu offenbaren haben, was die Menschheit aufzunehmen hat von den Offenbarungen, die eingeschrieben sind im Weltenäther, den man auch «Akasha-Chronik» nennt. Wenn wir die aufeinanderfolgenden großen Offenbarer der sich entwickelnden Menschheit nehmen, so können wir im übersinnlichen Reich finden, wie da eingeschrieben ist, was die einzelnen Offenbarer zu geben haben.

Eine solche Individualität wie zum Beispiel Moses, wie er als Erden-Moses war, sollte man nicht nur aufsuchen, selbst nach den biblischen Dokumenten nicht, wie sie auf der Erde gewesen ist, da diese schon nach der Akasha-Chronik gegeben ist. Man sollte sie aufsuchen, wie sie «auf dem Stuhl des Christus» sitzt. Moses ist da dasjenige, was vor seinem Erdensein das Ewige ist, das Bleibende – sub specie aeternitatis (unter dem Gesichtspunkt der Ewigkeit). Da ist es fest eingegraben, es sitzt da im Weltenäther. Es kann aber nur 24 solche für die Ewigkeit gewählten Menschenwirksamkeiten geben. Denn bei 25 würde eine Wiederholung eines Vorhergehenden eintreten. Das war ein Wissen der Vorzeit:

- Wollen *Menschen* auf der Erde zusammenwirken, so müssen es *zwölf* sein;
- wollen menschliche *Gemeinschaften* zusammenwirken, so müssen es *sieben* sein.

Die achte wäre eine Wiederholung von einer der sieben. Wirken aber sub specie aeternitatis die zusammen, die im Laufe der Menschheitsentwicklung sich vergeistigen, die

96

eine Etappe des Menschlichen darstellen, so müssen es 24 sein. Das sind die 24 Ältesten.

Wenn wir diese 24 Ältesten nehmen, von deren Offenbarungen einige schon da sind, andere erst kommen werden, so haben wir sie um den Stuhl des Christus herum wie die Synthese, die Zusammenfassung aller Menschenoffenbarung.

Aber wir haben vor diesem Stuhl des Christus den Menschen selbst, der jetzt als Mensch gefasst wird gegenüber dem, was als Glied, als einzelne Etappe des Menschlichen dasteht. Ich möchte sagen, der Mensch an sich, wie man ihn auffassen muss, der ist durch die vier Tiere dargestellt.

Ein grandioses Bild steht da vor uns. Der verklärte «Menschensohn» auf dem Stuhl in der Mitte, die einzelnen Etappen der Menschheit durch die Zeitenfolgen in den 24 Lenkern der 24 Stunden des großen Weltentages – und den Menschen selbst, der alle einzelnen Etappen zu umfassen hat, ausgebreitet über das alles unter dem Bild der vier Tiere. Ein Wichtiges, Wesentliches tritt uns da entgegen.

Was geschieht denn da vor dem sehenden Schauen des Apokalyptikers, der den Engeln der Gemeinden des Gottes Botschaft überliefert, was geschieht da? Als die vier Tiere in Aktion treten, das heißt, als der Mensch seine Beziehung zur Gottheit entdeckt, da fallen die 24 Lenker der 24 Tagesstunden des großen Weltentages auf ihr Antlitz. Da verehren sie dasjenige, was der ganze Mensch ist, als das Höhere gegenüber dem, was sie darstellen: nur eine Etappe der Menschheit. In den ältesten Zeiten sah man wirklich dieses Bild, das der Apokalyptiker vor die Menschheit hinstellt.

Nur dass man in jenen ältesten Zeiten sagte: Derjenige, der auf dem Stuhl sitzt, wird kommen; und der Apokalyptiker zu sagen hat: Derjenige, der auf dem Stuhl sitzt, ist schon da gewesen.

Aber richtig lesen – ich wollte heute über die Bedeutung des Lesens der Apokalypse sprechen – lernen wir nur dann, wenn wir in die Lage kommen, von den alten Mysterien ausgehend das Lesen zu lernen. Nun wollen wir dann versuchen, in der Apokalypse weiterzulesen. Denn es stehen tiefe Geheimnisse darin, die nicht so sind, dass wir sie nur kennenlernen sollen, sondern so sind, dass manche derselben von uns ausgeführt werden sollen, getan werden sollen.

Fünfter Vortrag

Mit dem Tod leben
Der Mensch hinter dem, was man sieht

Dornach, 9. September 1924

Meine lieben Freunde!

Uns muss es vor allen Dingen darauf ankommen, die Apokalypse zu lesen, wie sie in der Gegenwart gelesen werden soll – schon aus dem Grund, weil für die Gegenwart, die ihre geistige Entwicklung im Zeichen der Bewusstseinsseele zu entfalten hat, auch dasjenige voll ins Bewusstsein hereintreten muss, was Führung des geistigen Lebens ist. Daher wird es sich darum handeln, die Orientierung innerhalb dessen, was der Apokalyptiker gibt, voll bewusst in uns aufzunehmen.

In früheren Zeitaltern bedeuteten die Mitteilungen des Apokalyptikers etwas nur für die höchsten Eingeweihten, die es zur späteren Zeit immer weniger gab, aber sie bedeuteten nichts für die gewöhnliche Priesterschaft. Heute muss ins Bewusstsein des Priesters dasjenige einziehen, was in der Apokalypse enthalten ist.

Nun haben wir gestern auf die sieben Gemeinden hingewiesen, von einem Gesichtspunkt aus hingewiesen. Die Welt ist wahrhaftig reich, und in ein und dieselbe Sache spielen viele Gesichtspunkte hinein. Wir können die Gemeinde von Ephesus so charakterisieren, wie wir das gestern getan haben. Wir finden dann, dass von einem gewissen Gesichtspunkt aus darauf hingewiesen wird, wie aus heidnischen Voraussetzungen heraus innerhalb einer Gemeindeordnung das Christentum entwickelt worden ist. Wir können aber auch darauf hinweisen, wie in *Ephesus* wirklich mehr als im Indien der späteren Zeit viel von den innerlichen Impulsen enthalten war, die die Grundstruktur der ersten nachatlantischen Zeit waren. Sodass man im gewissen Sinne unter dem, was sich zu Ephesus als Christentum entwickelt, die christliche Fortsetzung der ersten Welt- und Lebensanschauung der nachatlantischen Zeit sehen kann, während in der Gemeinde von *Smyrna,* die an zweiter Stelle genannt wird, mehr die urpersische Kultur gelebt hat und übergegangen ist in das Christentum.

Wiederum wird *Pergamos* als diejenige Gemeinde angeführt, in der die dritte nachatlantische Kultur gelebt hat. Wir finden da, wenn wir gerade das Sendschreiben an Pergamos auf uns wirken lassen, wie mehr oder weniger deutlich hingewiesen wird auf das Hermes-Wort, das innerhalb der Geschichte dieser Kultur gelebt hat.

Dann werden wir in *Thyatira* auf jene Kultur hingewiesen, die die vierte nachatlantische ist und in die das Mysterium von Golgota selbst hineinfällt. Wir werden da überall, wenn wir dieses bedeutende Sendschreiben auf uns wirken lassen, daran erinnert, wie die Botschaft des Mysteriums von Golgota unmittelbar wirkt.

Und dann haben wir die schon gestern besprochene Gemeinde von *Sardes.* Ich zeigte Ihnen, wie diese Gemeinde von Sardes astrologisch orientiert war, wie sie auf den

Sternendienst orientiert war. Damit trägt diese Gemeinde von Sardes, wie es nicht anders sein kann, viel Vergangenheit in sich. Aber vor allen Dingen trägt gerade diese Gemeinde von Sardes Zukunft in sich.

Und jetzt nehmen wir das, was wir selbst versuchen können, in die geistige Anschauung unserer Gegenwart hereinzubekommen. Wir leben in der fünften nachatlantischen Periode. Wenn wir hinschauen auf das, was in Sardes Zukunft ist, so ist das etwas Keimhaftes, was noch nicht vollendet ist zur Zeit, als der Verfasser der Apokalypse schreibt. Der ganze Ton dieses fünften Sendschreibens ist schon ein anderer, er weist auf die Zukunft hin. Die Zukunft, auf die er damals hinwies, die gewissermaßen keimhaft in Sardes verkörpert war, das ist unsere Gegenwart. Das ist die Zeit, in der wir selbst leben.

Nun aber wird die aufeinander folgende Epochenreihe in der Entwicklung der nachatlantischen Zeit und zugleich in der inneren Entwicklung des Christentums – in den Gemeinden ist ja ineinander geheimnisst die Entwicklung der nachatlantischen Zeit und die Entwicklung des Christentums –, es wird dasselbe, nur von einer anderen Seite her, in den *sieben Siegeln* angedeutet. Auch in den sieben Siegeln haben wir dasjenige angedeutet, was das Geheimnis der sieben Gemeinden ist.

Wir werden da gewahr, wie auf die Eröffnung des vierten Siegels, das also einem Geheimnis der vierten nachatlantischen Epoche entspricht, ein fahles Pferd erscheint und wie nun die Rede ist vom Tod, vom Tod, der in die Welt gekommen ist. Und damit wird zunächst eines der wichtigsten

101

Geheimnisse der Apokalypse berührt, insofern dieses Geheimnis ganz besonders wichtig für unsere Zeit ist.

In der vierten nachatlantischen Epoche tritt in einem gewissen Sinne der Tod in die Menschheit ein. Machen wir uns das nur klar. Man erkennt die menschliche Natur, wenn man so etwas betrachtet, man kann sie dadurch wirklich gut erkennen.

Gehen wir in die erste, zweite und dritte nachatlantische Epoche zurück. Die menschliche Seelenverfassung, überhaupt die ganze Verfassung des Menschen, sein Sichfühlen, war in den früheren Epochen anders, als es später geworden ist. Es war einst so, dass der Mensch ein deutliches inneres Fühlen seines Hereinwachsens in den Erdenaufenthalt hatte.

Der Mensch hatte in seinem gewöhnlichen Bewusstsein noch eine deutliche Erinnerung, dass er vor seinem irdischen Leben droben in der Geisteswelt lebte, wenn auch in der letzten Zeit vor dem Mysterium von Golgota dieses Bewusstsein schon stark abgeschwächt war. Es war in der ersten, zweiten und dritten nachatlantischen Epoche so bedeutsam vorhanden in jeder menschlichen Persönlichkeit, dass jeder Mensch wusste: Ich bin nicht bloß ein Kind gewesen, ich bin auch ein geistiges Wesen gewesen, bevor ich ein «Kind» geworden bin.

Das ist weniger in den äußeren Dokumenten enthalten, aber es war so. Man rechnete nicht allein mit dem Erdenaufenthalt, man rechnete mit einer Fortsetzung des Erdenaufenthalts nach rückwärts in die geistige Welt hinein. Das war es, was gerade in der vierten nachatlantischen

Epoche – gerade in der Epoche, die zusammenfiel mit dem Mysterium von Golgota – auftrat, dass der Mensch sein irdisches Leben deutlich eingeschlossen sah durch die zwei Tore der Geburt und des Todes.

Dieses Bewusstsein, diese Art von Seelenverfassung, trat erst in der vierten nachatlantischen Epoche ein, sodass wir es zu tun haben mit der Entfaltung dieses Bewusstseins, das streng eingeschlossen ist innerhalb der Grenzen des irdischen Lebens, etwa vom 8. vorchristlichen Jahrhundert an bis in das 15. Jahrhundert nach dem Mysterium von Golgota.

Seit dieser Zeit bereitet sich ein neues Bewusstsein vor, aber wir stehen erst am Anfang. Wir müssen nur bedenken: Wir haben seit jener Zeit vier, fünf Jahrhunderte hinter uns. Das ist so, wie sich das vierte nachatlantische Bewusstsein im dritten vorchristlichen Jahrhundert entwickelt hatte: Es war damals noch ein ganz anderes Bewusstsein als in der vollen Entfaltung dieses vierten nachatlantischen Bewusstseins. Und die Menschheit der Gegenwart trägt zumeist noch nicht das Kleid des neuen Bewusstseins an sich, sondern sie trägt an sich das Bewusstsein, das eigentlich das Bewusstsein der vierten nachatlantischen Epoche ist. Dafür sorgt die ganze Zivilisation.

Bedenken wir nur, wie viel herübergetragen ist aus der vierten nachatlantischen Epoche, wie stark die Menschen auf selbstverständliche oder auch kokette Weise noch in der vierten nachatlantischen Epoche leben.

Unsere ganze Gymnasialbildung ist so, dass die vierte nachatlantische Epoche in ihr wirkt. Solange das Lateinische

Gelehrtensprache war, war es die vierte nachatlantische Epoche. Auch im öffentlichen Leben denken wir noch so, wie in der vierten nachatlantischen Epoche gedacht worden ist. Wir sind für die fünfte nachatlantische Epoche, für die Entwicklung der Bewusstseinsseele, noch gar nicht zur vollen Menschlichkeit gekommen.

Und deshalb ist es, dass die Menschen der Gegenwart noch immer die Sache so sehen, dass ihr Erdenleben zwischen den beiden Toren der Geburt und des Todes eingeschlossen ist.

Es ist aber schon etwas in Entwicklung begriffen, es kommt nur noch nicht heraus bei den Menschen, es kommt heraus nur bei einzelnen besonders dafür veranlagten Menschen. Ich habe eine Anzahl von so veranlagten Menschen in meinem Leben kennengelernt, aber man beachtet sie gewöhnlich nicht. Es ist das Bewusstsein, dass in diesem fünften nachatlantischen Zeitraum das Leben gar nicht völlig von der Geburt bis zum Tod hinreicht, sondern dass der Tod hereinspielt in das Leben, in das Erdenleben, dass man jeden Tag ein bisschen stirbt, dass fortwährend das Sterben in den Menschen eingeht, dass der Tod da ist.

Einzelne Menschen gibt es, die den Tod stark fürchten, indem sie ihn als an ihrer Erdenmenschlichkeit zehrend empfinden. Ich habe aber auch solche Menschen kennengelernt, die den Tod deshalb liebten, weil er sie immer begleitete, und die nach ihm verlangten.

Das ist aber dasjenige, was in der fünften nachatlantischen Epoche immer mehr heraufkommen wird, das nichts anderes ist, als dass der Mensch den Tod neben sich hergehen sieht. Konkreter noch beschrieben: Der Mensch wird jenen intimen Feuerprozess, der mit der Entwicklung der Bewusstseinsseele zusammenhängt, an sich wahrnehmen.

Insbesondere wird der Mensch in solchen Momenten, wo er aus dem Schlafbewusstsein heraustritt und in das Wachbewusstsein eintritt, diese Entwicklung des Wachbewusstseins wie eine Art Feuerprozess in sich erleben, der ihn verzehrt. Denn die Bewusstseinsseele ist ein Hochgeistiges, das Geistige aber verzehrt immer das Materielle. Und die Art und Weise, wie die Bewusstseinsseele das Materielle und das Ätherische im Menschen verzehrt, ist eine Art intimer Feuerprozess, Verbrennungsprozess.

Das ist dasjenige, was der Mensch im Verlauf dieser fünften nachatlantischen Epoche immer mehr wahrnehmen wird. Nur dürfen wir uns das nicht so vorstellen wie eine brennende Kerzenflamme, so physisch muss man sich das nicht vorstellen. Sondern der Mensch wird es in seiner Seele, moralisch, konstatieren (feststellen), dieses Neben-ihm-Stehen des Todes.

Bei den meisten Menschen ist es heute so: Wenn sie sehen, wie gute Vorsätze, die sie haben, starke Absichten, die sie haben, in dem nächsten Augenblick, in der nächsten Stunde, am nächsten Tag, im nächsten Monat sich verflüchtigen, so nimmt man das bei der herrschenden materiellen Weltanschauung als etwas hin, was eben einfach geschieht. Aber das wird man immer mehr anders fühlen lernen. Man wird fühlen lernen, wie eine gute Absicht, zu deren Erfüllung man zu schwach war, am Leben zehrt, den Menschen vermindert in seinem moralischen Gewicht, wie er moralisch leichter wird, unbedeutender wird im Weltall.

Heute empfindet man das, was da vorliegt, als eine Schwäche, die nur seelisch ist, nicht als etwas im Weltall Fortwirkendes. Das wird man aber in der Zukunft empfinden. Ebenso wird es gewisse intellektuelle Qualitäten geben, die der Mensch immer mehr empfinden wird als an ihm zehrend, wie durch ein seelisches Feuer zehrend. Es sind diese Erscheinungen schon gegeben, auch in großem Maßstab, aber sie werden nicht gerade in der Weise empfunden.

Es gibt eine Art, sich in die geistige Welt hineinzufinden, sodass man Stufe für Stufe mitberücksichtigt das, was zum Beispiel in *Wie erlangt man Erkenntnisse der höheren Welten?* gegeben ist. Da kommt man in eine Harmonie zwischen Geist, Seele und Leib hinein. Aber so wie die meisten Menschen heute ohne diese Übungen das geistige Leben betreiben, namentlich wie in den einzelnen Konfessionen das religiöse Leben betrieben wird, da ist das religiöse Leben so in dem Menschen wirksam, dass es ihn an moralischem Gewicht vermindert, leichter macht.

Das sind Dinge, die immer mehr mit Bewusstsein wahrgenommen werden müssen. Es ist in dieser fünften nachatlantischen Epoche so, dass der Mensch sich sehr ändert. Denn es ist eine bedeutende Änderung, wenn man durch das, was man seelisch ist, in seiner ganzen Menschlichkeit sich gekräftigt oder vermindert fühlt, das Schicksal nicht bloß als eine Sache der Verhältnisse fühlt, die auf einen wirken, die um einen herum vorhanden sind, sondern als etwas fühlt, was einen moralisch leichter oder schwerer macht – aber so, dass man auch physisch nicht gesichert bleibt, sondern weiß: Als ganzer Mensch wird man leichter oder schwerer.

Sehen Sie, das ist das Bewusstsein, das sich vorbereitet, das man auch äußerlich-empirisch sich vorbereiten sehen kann. Und es beginnt heute die Zeit, wo der Priester auf diese Dinge hinzuschauen hat, wenn die Gläubigen vor ihm stehen. Denn da handelt es sich darum, das, was da heraufzieht in das Bewusstsein des Menschen, was jetzt noch nicht voll bewusst ist, aber in allerlei Unruhe, Nervosität, disharmonischem Empfindungsgehalt heraufzieht, das so zu behandeln, dass der Mensch Trost hat, Stärkung hat.

Es wird immer weniger möglich sein vonseiten des Priesters, sich allgemeine Ideen zu bilden, nach denen man jeden einzelnen Menschen behandelt.

In vieler Beziehung war und ist heute noch die Schablone das Maßgebende. Man kann ja hören, wenn man bei einem Menschen nachfragt, der an Wahnideen leidet und beim Pfarrer Zuflucht gesucht hat, was der Pfarrer mit ihm gemacht hat. Nun, der versuchte, in ihm das Sündenbewusstsein zu erwecken – und in einem zweiten und in einem dritten Fall wieder das Sündenbewusstsein. So geht die Schablone durch alles durch.

So ist es mir einmal aufgefallen, als ich an einem Tag drei Begräbnisse anhörte, dass jedes Begräbnis von dem Pfarrer angefangen wurde mit demselben Satz: «So hoch der Himmel über der Erde ist, so viel sind meine Gedanken höher als eure Gedanken.» Immer ist die Schablone da,

107

die verhältnismäßig berechtigt war gerade in der vierten nachatlantischen Epoche. Das hat sich mit dem Übrigen, das ich erwähnt habe, auch herüber erstreckt in die fünfte und herrscht bei uns, während für die feinere Beobachtung eine Abwandlung vor allem gerade in unserer Kulturepoche eintreten muss.

Damit muss der Priester beginnen, der Priester muss damit beginnen, wieder den Seelenblick hinüberlenken zu können in das Herz des anderen Menschen. Das können heute die wenigsten Menschen.

Der Mensch bleibt dem Menschen heute furchtbar unbekannt. Denn sehen Sie, wenn man mit einer gewissen Ehrfurcht die Stelle von den *weißen Kleidern* liest, mit denen diejenigen angetan sind, die die Aufgabe der fünften Kulturepoche erfüllt haben, dann bekommt man den Eindruck: Hier handelt es sich darum, tief in die besondere Seinsart des Menschen durch Priesterblick hineinzuschauen. Den Menschen kennenzulernen nicht durch die Kleider, die er äußerlich trägt, nicht durch das, was er in der äußeren Welt darstellt, sondern ihn in seinen Seelenkleidern kennenzulernen. Durch diesen Brief spricht gerade diese Mahnung des Apokalyptikers in unsere Gegenwart herein.

In unserer Gegenwart muss der Priester durch alles Äußere, in das der Mensch gestellt ist, in seine Seele hineindringen. Er muss in gewissem Sinne anfangen, den Menschen so anzusehen, wie ich charakterisiert habe, dass man den Menschen ansehen muss, wenn man auf sein Karma kommen will. Ich habe vorgestern gesagt: Wenn man auf sein Karma kommen will, kann man den Menschen nicht auf seinen Beruf, nicht auf seine sozialen Verhältnisse, nicht auf sein Können oder Nichtkönnen ansehen, sondern man muss tief in die Seele hineingehen, in die Eigenschaften, die in jedem Beruf, in jeder Tätigkeit zum Ausdruck kommen können. Denn man muss auf dasjenige hinschauen, was der Mensch im vorigen Erdenleben war.

Nun, so weit braucht der Priester nicht zu gehen, aber anfangen muss er damit, durch alles Äußerliche hindurch zu schauen und auf das Innerliche zu sehen, auf das rein Menschliche, das, wodurch jeder Mensch innerlich ein individuell gearteter Mensch ist. Und es ist schon so: Wenn wir bis zu diesem Punkt die Apokalypse lesen, dann fühlen wir das, was dasteht, wie eine unmittelbare Aufforderung an die Gegenwart. Und wir können dann beim weiteren Lesen einen noch tieferen Eindruck empfangen.

Denken wir nur einmal das Folgende, denken wir, die fünfte nachatlantische Epoche geht vorüber. Während dieser fünften nachatlantischen Epoche verändert der Mensch sein Bewusstsein so, dass er das Arbeiten des Todes an sich durchschaut. Er wird es durchschauen lernen. Er wird es durchschauen lernen nicht so, dass ihm in jedem Augenblick das Alter, das er erreichen kann, vor der Seele steht, aber er wird das Arbeiten des Todes an sich sehen, er wird ihn fortwährend als Begleiter neben sich haben.

Haben wird er müssen – und das ist dasjenige, was auf den verschiedenen Lebensgebieten geschaffen werden muss –, haben wird er müssen einen seelischen Gehalt, der ihm dieses Neben-sich-stehen-Sehen des Todes als etwas

Naturgemäßes erscheinen lässt. In sich die Kräfte ewigen Seelenerwachens haben, das bedeutet: Den Tod neben sich immerfort als einen guten Freund, als einen guten Begleiter haben können.

Aber denken wir uns, wenn wir in die Umgebung hinausschauen, so sehen wir sie heute noch ganz im Licht der vierten nachatlantischen Epoche. Wir sehen in jeder Pflanze, in jedem Stein Leben, das den Tod in sich trägt. Aber wir sehen den Tod nicht, weil wir ihn noch nicht in uns selbst sehen. Man wird anfangen müssen, immer und überall den Tod zu sehen. So muss man zum Menschen der Gegenwart immer mehr reden.

Wenn man mehr und mehr den Tod sieht, verwandelt sich das ganze Schauen des Menschen. Den Tod sehen heißt mancherlei sehen, was sich heute innerhalb der Erscheinungen ganz und gar verbirgt. Wir sehen die Natur heute als stabil, weil wir in gewisse feine Intimitäten der Natur gar nicht hineinschauen. Wir gehen durch das Land, wir sehen eine Tafel, worauf steht: In diesem Ort ist Maul- und Klauenseuche. In Wirklichkeit ist über einem solchen Ort etwas Intimeres geschehen, was sich mit dem vergleichen lässt, was ein sturmbewegtes Meer oder ein Vulkanausbruch darstellt. Und das wird dasjenige sein, was in der sechsten nachatlantischen Epoche an den Menschen herantritt.

Heute sieht er nur, weil er noch nicht den Tod schaut, er sieht nur, wenn der Vesuv speit oder wenn mächtige Erdbeben durch den Seismografen wahrgenommen werden. Aber jene Spannung im Ätherischen, die sich in allem

Möglichen auslebt, zum Beispiel dann auslebt, wenn in irgendeiner Gegend ein bedeutendes Genie lebt oder geboren wird, sieht der heutige Mensch nicht. Ebenso wenig sieht der Mensch jenes gewaltige Geisteswalten und Geistesweben, für das die Sterne und ihre Konfiguration nur der äußere Ausdruck sind.

Das alles zu sehen, steht dem Menschen in der sechsten nachatlantischen Epoche bevor. Die Sonne, wie sie jetzt ist, die wird «vom Himmel heruntergefallen» sein, die Sterne werden vom Himmel heruntergefallen sein. Wo jetzt die Sterne in ihrer materiellen Abstraktheit erglänzen, wird man Geisteswalten und Geistesweben schauen. So wird sich

- im Laufe der *fünften* nachatlantischen Epoche die *Selbstanschauung des Menschen* sehr ändern,
- im Laufe der *sechsten* Epoche die *ganze Anschauung der Welt* um den Menschen herum.

Denn glauben Sie nicht, dass zum Beispiel der Initiierte die Welt geradeso sieht wie der Nichtinitiierte! Aber so ist es auch mit den aufeinanderfolgenden Bewusstseinsstufen: Nicht in gleicher Weise sieht der Mensch die Welt in den aufeinanderfolgenden Epochen.

Dass wir als Menschen in einem solchen Umwandlungsprozess, in einem solchen Prozess der Umwandlung des Menschenbildes und der Umwandlung des Weltbildes leben, das wird unter anderem dadurch angedeutet, dass in den ersten Briefen, die entsiegelt werden, in den ersten vier Briefen verhältnismäßige Gleichheit herrscht. Der erste Brief wird entsiegelt: Ein weißes Pferd erscheint, ein Pferd. Der zweite Brief wird entsiegelt: Ein rotes Pferd erscheint, auch ein Pferd. Der dritte Brief wird entsiegelt: Ein schwarzes Pferd erscheint, wiederum ein Pferd. Der vierte Brief wird entsiegelt: Es erscheint ein fahles Pferd, aber ein Pferd.

Der fünfte Brief wird entsiegelt: Es erscheint nicht mehr ein Pferd, es ist nicht mehr von einem Pferd die Rede. Es wird ganz anders auf das hingedeutet, um was es sich da handelt. Wenn wir fortschreiten im Öffnen der Briefe, finden wir, wie in dieser Weise auf eine grundbedeutsame Verwandlung hingedeutet wird, die während unserer Zeitepoche eintritt.

Und man kann nicht anders als sagen: Wir müssen uns schon vorbereiten, die neue, verwandelte Gemeinde von Sardes zu werden – diese neue, verwandelte Gemeinde von Sardes, die Verständnis dafür haben muss, dass es nicht etwas Triviales ist, Pflanzen, Tiere und Steine zu kennen, dass man das alles erst kennt, wenn man in jedem Stein, in jeder Pflanze und in jedem Tier die Sterne wirksam findet. Geistig müssen die Sterne vom Himmel herunterfallen.

Man kann das auch schon wahrnehmen, ich möchte Ihnen nur ein besonderes Beispiel dafür sagen. Solche Dinge werden von den Menschen in ihrer äußeren Konfiguration genommen, man sieht nicht viel auf die Art, wie so etwas in der ganzen geistigen Entwicklung der Menschheit drinsteht. Jeder kann nur etwas tun auf dem Platz, auf dem er steht. Bevor ich auf die letzte Reise nach England gefahren bin, ergab sich hier Folgendes.

Sie wissen vielleicht, dass ich, wenn ich da bin, den Arbeitern dieses Baues jede Woche eine oder zwei Stunden in der Arbeitszeit gebe, in denen ich ihnen von natur- und geisteswissenschaftlichen Dingen spreche. Weil das unter der Arbeiterschaft sehr gerne gesehen wird, mache ich das so, dass ich mir von diesen Arbeitern das Thema geben lasse. Die Arbeiter haben es gerne, wenn sie das Thema geben können. Sie begehren von mir solche Dinge zu wissen, wie sie im heutigen Geistesleben möglich sind. Es gehört das zu dem, wofür der Priester volles Verständnis haben muss.

Da kam ich in die Stunde, bevor ich die englische Reise machte, und ein Arbeiter hatte die Frage präpariert: Ja, woher kommt es eigentlich, dass manche Pflanzen duften und andere nicht? Woher kommt der Duft der Blumen?

Ja, so weit sind diese Arbeiter durch die Vorträge, die schon seit Langem stattfinden, schon seit Jahren, dass sie nicht vorliebnehmen damit, dass man ihnen irgendeine chemische Erklärung gibt, dass man ihnen sagt: Da ist dieser oder jener Stoff, der diesen oder jenen Duft verbreitet. Sie kennen ja die Erklärungen, wie unsere naturwissenschaftlichen Erklärungen meistens sind: Die Armut kommt von der pauvreté (Armut). Sondern die Arbeiter verlangen nach wirklichen Erklärungen.

Nun sehen Sie, da musste ich ihnen das Folgende sagen. Ich musste ihnen sagen: Zunächst verweist uns – ich will nur kurz wiederholen, was ich eine Stunde lang auseinandergesetzt habe –, zunächst weist uns das, was duftet, auf unsere Sinnesorgane hin. Wir nehmen den Duft durch unser

Geruchsorgan wahr. Aber fragen wir uns, ob wir unser Geruchsorgan so ungeheuer fein ausgearbeitet haben, dass wir es bis zum Polizeihund bringen! Dass das nicht gut möglich ist, werden wir wohl zugeben müssen. Wir werden zugeben müssen, dass der Mensch im Gegenteil ein grobes Geruchsorgan hat, nicht ein feines, dass man, wenn man in der Reihe der Natur heruntergeht, auf feinere Geruchsorgane trifft.

Das geht schon aus dem hervor: Nehmen wir den Hund, der diese feinen Geruchsorgane hat, dass er es zum Polizeihund bringt. Nehmen wir den, so werden wir sehen, dass seine Stirn zurückgeht. Sie folgt dem sich fortsetzenden Geruchsnerv, der den Geruch in sein Wesen hineinträgt. Bei uns ist das zur Stirn aufgeplustert. Unser Intelligenzorgan, besonders das Apperzeptionsorgan (Wahrnehmungsorgan), ist ein umgewandeltes Geruchsorgan. Schon daraus geht hervor: Wenn wir zu niederen Wesen heruntersteigen, kommen wir zu feineren Geruchsorganen.

Nun lehrt die Geisteswissenschaft: Eine große Anzahl von Pflanzen sind in ihrer Blüten- und Fruchtentfaltung nichts weiter als Geruchsorgane, richtige vegetabilische Geruchsorgane von ungeheurer Feinheit. Und was riechen sie? Sie riechen den Weltgeruch, der immer vorhanden ist! Und der Weltgeruch, der von der Venus ausgeht, ist ein anderer als der, der vom Mars oder vom Saturn ausgeht.

Es ist zum Beispiel so, dass Veilchengerüche das Geruchsecho dessen sind, was das Veilchen als den Weltgeruch wahrnimmt. Solche wohlriechenden Pflanzen nehmen aus dem Weltgeruch dasjenige wahr, was von Venus, Merkur oder Mars kommt. Der Stink-Asant, Ferula assa-foetida, nimmt wahr den Geruch vom Saturn, den er wiedergibt.

Da muss man den Leuten erklären, weil sie es verlangen, wie «die Sterne vom Himmel herunterfallen». Denn was sind schließlich die Wesen der Welt anderes, als was sie heruntergeben! Wenn man der Realität nach über die Dinge spricht, so muss man sagen: Die Sterne fallen schon jetzt herunter, denn sie sind in den Pflanzen drin. Nicht nur der Geruch ist in ihnen, sondern sie sind richtige Geruchsorgane.

Ich kam heute zur ersten Stunde wieder zu den Arbeitern und ließ mir die Frage geben, die sie haben wollten. Da haben sie die Frage gestellt: Wenn das über die Gerüche Gesagte richtig ist und die Pflanzen feine Geruchsorgane sind, woher kommen dann aber die Farben der Pflanzen?

Nun musste ich eine Erklärung geben, dass die Düfte der Pflanzen von den Sternen, von den Planeten, aber die Farben der Pflanzen von der Kraft der Sonne kommen. Ich setzte das wieder an Beispielen auseinander, aus denen das ersehen werden kann. Da war aber einer nicht zufrieden, der sagte: Da haben Sie noch übersehen, warum die Steine Farben haben.

Wenn ich verstehe, warum die Pflanzen Farben haben, dass eine Pflanze, die im Keller wächst, wo die Sonne nicht hinkommt, Form und Duft hat, aber weil die Sonne nicht in die Kellermauern dringt, die Pflanze sogar bis zur Farblosigkeit fahl wird – wie ist es dann mit den Steinen?

Jetzt musste ich auseinandersetzen: Es gibt einen Tageslauf der Sonne, eine Umdrehung in 24 Stunden, und es gibt einen Jahreslauf, der die Jahreszeiten bewirkt, der die Sonne hinaufgehen lässt bis zum Zenit und dann wieder heruntergehen lässt. Es gibt aber noch etwas anderes – ich musste ihnen das platonische Jahr klar machen, dass die Sonne ihren Frühlingsaufgangspunkt, den sie jetzt in den Fischen hat, früher im Widder, noch früher im Stier, in den Zwillingen hatte und dass sie im Verlauf von 25920 Jahren einmal mit diesen Konstellationen rundherum geht, dass es also einen Tageslauf, einen Jahreslauf und einen Weltenjahreslauf der Sonne gibt. Und während der Jahreslauf der Sonne den Pflanzen ihre Farben gibt, brauchen die Steine, um ihre Farben zu bekommen, den Weltenjahreslauf.

In den Farben der Steine (im Grün des Smaragd, im Weingelb des Topas, im Rot des Korund), da lebt die Kraft, die sich entwickelt durch den Umgang der Sonne im platonischen Jahr.

Und sehen Sie, wenn man irgendwo mit der geistigen Welt anfängt, dann fragen die Leute über das Irdische so, dass sie nicht mehr zufrieden sind, wenn man ihnen das Irdische mit den Trivialitäten unserer Labor- und Seziersäle erklärt. Sie wollen die Sache richtig «auf Sardes'sche Weise» erkennen und fühlen sich dann sehr zufrieden, indem man die Sterne und ihre Wirksamkeit zu Hilfe nimmt.

Was tut man da schließlich anderes, als der Apokalyptiker tut: Sardes in die Gegenwart hereinstellen!

Sehen Sie, es ist ein Beispiel, aber es muss damit begonnen werden, dieses Sternenempfinden, Sternenwesenempfinden in die Gegenwart hereinzutragen. Es muss damit begonnen werden, dass die Menschen wieder einsehen: Der

Christus ist ein Sonnenwesen. Damit wird man aber am allermeisten bekämpft.

Aber wenn ich Ihnen solche Dinge sage, wenn ich Ihnen sage, wie diese moderne fünfte nachatlantische Epoche das auferweckte Sardes sein muss, wie wir es kurz, prägnant und großartig charakterisiert finden in der fünften Gemeinde und im fünften Siegel, wenn es entsiegelt wird – wenn ich Ihnen das sage, werden Sie fühlen: Wir haben heute die Aufgabe, dieses besondere Verständnis der Apokalypse zu entfalten, zu verstehen, was an unser Herz täglich als Aufgabe herandringt. Es nützt nichts, die Apokalypse heute bloß zu interpretieren. Es ist notwendig, dass wir die Apokalypse in allem tun, sonst können wir es überhaupt lassen. Das bloße neugierige Interpretieren hat nicht viel Wert.

So habe ich versucht, Ihnen das Zweite anzudeuten, was zum Lesen der Apokalypse gehört. Gestern versuchte ich Ihnen das Lesen anzugeben, heute versuchte ich Ihnen anzugeben, wie zum Lesen das Dabeisein mit dem Wollen gehört. Aber das ist auch natürlich, denn Apokalypsen sind immer durch Inspiration des Willens entstanden.[9]

---

9   und hier berühren wir einen wirklichen apokalyptischen Punkt, weil einen lebensvollen apokalyptischen Punkt.
Es gibt schon heute in gewisser Beziehung Leute, die apokalyptisch erzogen werden; aber sie werden so apokalyptisch erzogen, daß sie in einer Weise ihre Willenserziehung erhalten, die spezifisch auf die römisch-katholische Kirche hin orientiert ist: das sind die Jesuiten. Aber in der Jesuitenerziehung, namentlich in den Jesuitenexerzitien, liegt etwas stark Apokalyptisches. Die Jesuitenexerzitien enthalten Schulung des Willens, wie sie immer dem Apokalyptischen zugrunde liegt, dem Schauen. Daher

ist ja die Jesuitenerziehung dasjenige, das vor allen Dingen ins Auge gefaßt werden muß von dem, der es heute mit einer wirklichen Priesterschaft im Sinne der christlichen Erneuerung ernst nimmt.

Der muß die Apokalypse verstehen, damit er in ihr sehen kann den richtigen Impuls für den Willen, während in der Tat ein sehr einseitiger Impuls für den Willen gegeben worden ist durch Ignatius von Loyola in großartiger Weise, aber in außerordentlich einseitiger Weise. Aber das ist heute schon ahrimanisch verhärtet. Denn gerade bei Ignatius von Loyola zeigt sich, wie falsch wir die Zeit anschauen, wenn wir sie nicht geisteswissenschaftlich erkennen.

Die Leute führen heute noch immer die Jesuitenentwickelung auf Ignatius von Loyola zurück. Aber sie ist es nicht. Ignatius von Loyola war längst wieder da in der Wiederverkörperung und hat sich damit natürlich ganz herausgelöst aus der Strömung, hat als Emanuel Swedenborg gelebt; und damit ist seit jener Zeit die Jesuitenentwickelung völlig ins Ahrimanische hineingesegelt, knüpft nicht mehr an Ignatius an, sondern sie ist in ahrimanischem Sinn wirksam. Sie haben da – ich möchte sagen: das Schatten-Gegenbild dessen, was Sie selber sich anerziehen müssen, indem Sie in Ihr Ich, wie ich gesagt habe, das Apokalyptische aufnehmen, so daß Ihr Ich zur Summe von Wirkenskräften wird, die selber apokalyptisch sind.

Das Geheimnis der Zahl
Die sieben Erzengel und ihre Taten

Dornach, 10. September 1924

Meine lieben Freunde!

Wenn jemand in die alten Mysterien eingeweiht wurde, so bestand das Erste, was er erfahren sollte, darin, dass sein ganzer Sinn, seine ganze menschliche Seelenverfassung auf die Bedeutung der in der Siebenzahl verlaufenden Zyklen der Weltenuhr hingelenkt wurde.

Und wir sehen deutlich in der Apokalypse dasjenige nachwirken, was sich gerade aus diesem Einweihungsprinzip heraus ergibt. Die Apokalypse hat die *Siebenzahl* in der mannigfaltigsten Weise sowohl zu ihrer Gliederung, zu ihrer Komposition, wie auch zu ihrem Inhalt.

Nun handelt es sich darum, dass dasjenige, was mit dieser Siebenzahl verbunden war, nicht in äußerlicher Weise mit ihr verbunden war, wie man sich das gewöhnlich heute vorstellt, sondern man weihte den Betreffenden ein in das Wirken und Weben der Zahlen überhaupt.

Nun möchte ich Sie hier, meine lieben Freunde, auf etwas aufmerksam machen, was für Sie folgen kann aus dem, was ich drüben im ganz anderen Kurs über Sprachwissenschaft auseinandergesetzt habe. Da musste ich auseinandersetzen, wie ein Erleben der Laute möglich ist und wie die

Menschheit das Erleben der Laute verloren hat. Wir müssen uns nur einmal vor die Seele stellen, wie durch dieses Erleben der Lautelemente das gestaltende und webende Wort gegeben ist und wie der mannigfaltigste, wundervollste Inhalt, ein ganzer Weltinhalt, durch die Kombination der 32 Lautelemente gegeben sein kann.

Nun versetzen wir uns einmal in eine solche Zeit – und es gab Zeiten der Menschheit, wo so etwas eine Realität war –, in eine Zeit, die ganz lebhaft in diesen 32 Elementen lebte und das Wunderbare empfand, das darin liegt, eine Zeit, die aus diesem Erlebnis der 32 Laute heraus eine Welt gestalten konnte. Man empfand wirklich in der Sprachgestaltung, in der Bildgestaltung des Wortes das Weben eines Geistigen, das man miterlebte im Sprechen. Man erlebte, dass in den Lauten Götter leben.

Wenn wir unsere 32 Laute nehmen, dann werden wir uns auch leicht ausrechnen können, dass dabei etwa 24 Laute auf die Konsonanten und 7 auf die Vokale kommen – natürlich sind die Dinge immer approximativ (annähernd). Und wir können jetzt im Sinne des Anfangs des Johannes-Evangeliums – «Im Urbeginne war das Wort» –, ein Licht auf jenes Bild fallen lassen, das auch als apokalyptisches Bild gedacht werden kann: Dasjenige, was das «Alpha und Omega» ist, umgeben von den sieben Engeln, den Vokalen, und den 24 Ältesten, den Konsonanten.

Und so empfand man auch, dass das Geheimnis des Weltalls ganz mit der Bedeutung, die ich auseinandergesetzt habe, in dem webt und lebt, was man in der heiligen Sprache des Kultus intonierte. Und man fühlte im Zelebrieren des Kultus die Anwesenheit desjenigen, was in diesem symbolischen Bild von dem Weltinhalt mächtig da war.

Es muss wiederum von der Menschheit gefühlt werden, wie von der Mysterienweisheit die Götter gesucht worden sind. Sie sind nicht in einem so fernen Transzendenten (Jenseitigen) gesucht worden, wie man sich das heute vorstellt. Man hat ihre Verleiblichung in so etwas gesucht wie in den Lauten. Und wenn man vom Weltenwort (Logos) gesprochen hat, hat man von dem gesprochen, was wirklich durch die Welt west und woran der Mensch mit seiner Sprache teilnimmt.

Aber ebenso ist es mit den Zahlen. Wir haben heute eine durch und durch abstrakte Vorstellung von den Zahlen gegenüber einer solchen Vorstellungsart, die noch in der Apokalypse waltet. Wenn man in die ersten christlichen Jahrhunderte zurückgeht, findet man, dass deshalb ein gewisses Verständnis bei manchen da ist für so etwas wie die Apokalypse, weil *das Geheimnis der Zahl* noch gefühlt wurde, weil noch erlebt wurden die eigentümlichen Verhältnisse der Gliederung in einer Zahlenreihe.

Man hat nicht in dieser Weise des Aneinanderfügens von eins zu eins die Zahlenreihe genommen, sondern man hat erlebt, was da liegt in der Drei, der Vier, der Fünf: das geschlossene Wesen der Drei, das offene Wesen der Vier, das mit dem Menschen verwandte Wesen der Fünf. In der Zahl selbst fühlte man ein Göttliches, wie man in den Buchstaben und Lauten ein Göttliches empfand.

Wenn in den alten Mysterien der Mensch so weit war, dass er in dieses Zahlengeheimnis eingeweiht wurde, dann war es seine Verpflichtung, im Sinne des Zahlengeheimnisses zu denken, zu fühlen und zu handeln.

Denken wir, was damit gegeben ist. Wir haben in der Musik die Oktave – sieben Töne, der achte ist wie der erste –, im Regenbogen sieben Farben. Wir haben auch in anderem in der Natur die Siebenzahl. Denken wir uns, meine lieben Freunde, der Natur fiele es ein, im Regenbogen eine andere Anordnung der Farben zu treffen – es würde das ganze Weltall durcheinanderfallen; oder in der Tonskala eine andere Einteilung der Töne zu machen – die Musik würde unerträglich. Und so weiter.

Aber dass im Menschenseelenwesen die Gesetzmäßigkeit richtig so ist, wie im Lauf der Natur selbst, darauf wurde der Einzuweihende hingewiesen – darauf, dass er nach seiner Einweihung nicht mehr willkürlich seine Gedanken hin und her zu werfen hat, sondern verpflichtet ist, innerlich in der Zahl zu denken, so wie die Natur in der Zahl denkt, innerlich das Zahlengeheimnis zu erleben, wie es in allen Wesen und Vorgängen webt und lebt.

Die Apokalypse ist noch in einem Zeitalter verfasst worden, in dem ein solches Hineinstellen des Menschen in das kosmische Geheimnis der Sieben, der Zwölf, der Vierundzwanzig oder der Drei eine absolute Gültigkeit hatte.

Seit dem Beginn unseres Bewusstseinsseelenzeitalters, also seit dem ersten Drittel des 15. Jahrhunderts, kommen wieder in das, was davor ein striktes Gelten der Siebenzahl war, es kommen allmählich Verschiebungen in die Siebenzahl hinein. Wir sind nicht mehr in der glücklichen Lage, eine Evolution zu erleben, die genau in der Siebenzahl verläuft. Wir sind schon in demjenigen Entwicklungsstadium der Erde, wo gegenüber dem Zahlengeheimnis eine Unregelmäßigkeit beginnt, sodass für uns das Zahlengeheimnis eine neue Bedeutung gewonnen hat.

Für uns ist es so, dass, wenn wir uns an dem Zahlengeheimnis erbauen, wie es in solchen Dokumenten wie der Apokalypse lebt, wir durch dieses Sicheinleben in einen solchen Stoff wie die Apokalypse fähig werden, auch dasjenige, was immer mehr außerhalb des Zahlengeheimnisses verläuft, in seinem Sinne aufzufassen.

Und so können wir sagen: Wir leben uns in einer gewissen Weise aus dem Zahlengeheimnis heraus, aber wir müssen es uns aneignen, um es dann in den Formen zu gebrauchen, wie es dem menschlichen Geschehen auf der Erde entspricht, das durch die Priesterschaft auf dem Gebiet des Religiösen zu führen ist.

Indem ich dieses voraussetze, darf ich jetzt über gewisse Erscheinungen noch so sprechen, als ob sie im Zahlengeheimnis verliefen, denn es wird das Weltgeschehen erst langsam aus dem Zahlengeheimnis heraus- und in eine nicht in der Zahl verlaufende Art hineinkommen.

Das war die Art des Denkens im Sinne der alten Mysterien: große Zyklen von sieben zu sehen, kleinere, kleinste Zyklen von sieben zu sehen. So haben wir in den sieben Gemeinden, die gleichzeitig als konkrete Bildungen auf der Erde vorhanden sind, den Fortbestand der alten Kulturen und das Eintreten der neuen Kulturperioden gesehen. Aber auf der anderen Seite haben wir einen *kleineren Zyklus,* den man auch verstehen lernt durch die Apokalypse. Dieser kleinere Zyklus, meine lieben Freunde, bedenken Sie nur, wie der ist.

Wenn wir zurückblicken auf die Zeit, in der das Mysterium von Golgota auf der Erde stattgefunden hat, so treffen wir gegenüber der geistigen Entwicklung der Menschheit

Michael

1. Oriphiel
2. Anael
3. Zachariel
4. Raphael
5. Samael — 5,
6. Gabriel - 1471.
7. Michael 1879

auch auf die Erzengelherrschaft des Oriphiel (s. Tafel), desjenigen Erzengels, der vorzugsweise von den Saturnkräften seine Impulse erhält. Wir kommen dann in ein Zeitalter hinein, das als regierenden Erzengel Anael hat, dann in ein Zeitalter des Zachariel, dann in das Zeitalter des Raphael, des Samael, des Gabriel und in das jetzige des Michael. Wir haben ein erstes, ein zweites, ein drittes, ein viertes, ein fünftes, ein sechstes und ein siebtes Zeitalter. Sodass wir innerhalb unseres fünften großen Zyklus in Bezug auf diesen kleineren Zyklus im siebten Zeitalter sind.

Wir leben in dem Zeitalter, dass wenn man mit heutigen Formen schreiben wollte, was man in alten Zeiten geschrieben hat, man sagen müsste: Wir leben in dem Zeitalter fünf/sieben (s. Zeichnung: 5/7): im fünften nachatlantischen Kulturzeitraum, in einem fünften großen Zyklus, und in Bezug auf eine an-

dere Gliederung, die sich mit dieser durchkreuzt, leben wir im siebten Zyklus.

Ein siebter Zyklus, meine lieben Freunde, bedeutet einen Endzustand. Ihm ging voran der sechste Zyklus, der Gabriel-Zyklus. In einem sechsten Zyklus entscheidet sich immer sehr viel, das Ende wird vorbereitet, der vorhergehende letzte Zyklus wirkt in diesen sechsten noch hinein. Der Michael-Zyklus beginnt etwa 1879, der Gabriel-Zyklus etwa 1471. Vorher war der Zyklus des Samael, jenes Erzengels, der seine Impulse vom Mars empfängt, das ist der fünfte.

Mit Beginn des fünften nachatlantischen Zeitalters ist der Erzengel des fünften kleineren Zyklus an der Regierung. Dieser fünfte Erzengel-Zyklus leitete schon durch drei bis vier Jahrhunderte den Beginn dieses fünften nachatlantischen Zyklus ein. Es fällt also der fünfte kleine Zyklus mit dem Beginn des fünften großen Zyklus zusammen.

Das heißt aber nichts Geringeres als: Die großen Zyklen werden bewirkt von Geistern der höheren Hierarchien. Die dritte Hierarchie, zu der auch die Erzengel gehören, sind die dienenden Glieder der höheren Hierarchien. Aber das Gesetz der Zahl wirkt so, dass der fünfte Erzengel in seiner Haupttätigkeit bei Beginn des fünften Zyklus wiederum zusammenfällt mit dem in der Fünfzahl stehenden höheren Wesen aus einer höheren Hierarchie.

Es ist verhältnismäßig lange her, dass von diesen Dingen geredet wurde, aber es ist immerhin länger in der Welt davon geredet worden, als man gewöhnlich denkt. In solchen Stätten wie der Schule von Chartres im 12. Jahrhundert ist noch von diesen Geheimnissen gesprochen worden. Da gab es noch eine apokalyptische Sprache, denn diese ist immer so, dass das Weltall unter dem Aspekt, in der Perspektive der Zahl neben anderen Perspektiven gesehen wird.

Wenn Platon sagt: Gott mathematisiert, Gott geometrisiert, so ist mit diesem göttlichen Geometrisieren oder Mathematisieren nicht unser bisschen abstrakte Geometrie oder Mathematik gemeint, sondern jenes tiefe Erleben, das die Alten den Formen und den Zahlen gegenüber gehabt haben. Und es ist heute von dem Materialismus verspottet, aber überall sichtbar, dass auch im organischen Leben das Gesetz der Zahl Sieben waltet.

Man verfolge nur einmal in Bezug auf die Zeit des Werdens das Auskriechen von Schmetterlingen und Larven oder die Entwicklung gewisser Krankheiten: Überall wird man das Gesetz der Sieben walten sehen. Dass die Zahl etwas aus der Natur der Dinge Folgendes ist, das wurde diesen Eingeweihten klargemacht, und dadurch wurden sie darauf hingewiesen, zu sehen, wie die Dinge liegen.

Denn worauf wird man aufmerksam, meine lieben Freunde, wenn man auf der einen Seite sich sagen muss, mit dem in der Zahl Fünf stehenden Erzengel, aus den Marskräften heraus, beginnt der fünfte nachatlantische Zeitraum? Wird er in Marskräften begonnen – es wird das schon in der trivialen Vorstellung angedeutet –, so liegt etwas Kriegerisches darin. Wenn wir auf die aufeinanderfolgenden Kulturperioden sehen, so sind sie abgeteilt durch bedeutsame Ereignisse.

Wenn wir zurückblicken auf das letzte bedeutsame Ereignis, das den vorigen atlantischen Zeitraum von dem jetzigen Zeitraum trennt, der als der fünfte Zeitraum heute in seiner fünften Kulturperiode steht, so haben wir als Grenze zwischen beiden die als «Sintflut» bekannte Eiszeitperiode, den Untergang der alten Atlantis und das Aufsteigen der neuen Weltteile.

Wir leben in der fünften nachatlantischen Periode, eine sechste wird folgen, eine siebte wird folgen. Die Katastrophe, die uns dann von der nächsten großen Periode trennt, die kommen wird, das wird nicht bloß ein äußerliches Naturereignis sein, wie die Eiszeit eines war, wie alles das war, was durch die Sintflut angedeutet ist, sondern es wird sich diese Scheidung der fünften von der sechsten Periode auf mehr moralische Weise zeigen.

Ein «Krieg aller gegen alle», auf den ich schon öfter hingedeutet habe – allerdings schon verbunden mit Naturereignissen, aber die Naturereignisse werden mehr zurücktreten –, ein Krieg aller gegen alle als eine moralische Katastrophe wird die fünfte von der sechsten großen Erdperiode trennen. Diese wird eingeleitet von dem, was vom

127

Mars kommt durch Samael, den Streitgeist, indem Streitelemente aus der geistigen Welt für die Einweihung geholt werden.

Und im Beginn des Bewusstseinszeitalters, in unserem kleineren Zyklus, sehen wir, wie unser fünftes kleines Zeitalter in sich etwas von einer Vorbedeutung enthält, einer prophetischen Vorbedeutung dessen, womit das große Zeitalter abschließen wird, nachdem auf den fünften der sechste und der siebte Kulturzeitraum gefolgt sein werden.

Wenn man diejenigen Stimmen in der Scheidung des 14. vom 15. Jahrhunderts vernimmt, die von Menschen herrühren, die noch etwas von den geheimen Vorgängen wissen, die hinter den offenbaren stehen, dann, meine lieben Freunde, finden wir schon in dieser Zeit, gerade in dieser Zeit der Marsregierung des Samael, Hinweise auf das Ende unseres großen Zeitalters, wenn sie auch nur in leisen Andeutungen bestehen. Wenn man die Zahl in Zusammenhang mit dem bringt, was geschieht, dann kommt man in das apokalyptische Denken hinein. Man lernt das Weltall apokalyptisch lesen und man wird überall finden, dass unzählige Geheimnisse sich einem enthüllen, wenn man in dieser Art apokalyptisch die Welt betrachten lernt.

Nun bedenken wir, wie in unserer Zeit der kleine Michael-Zyklus in dem nachatlantischen Kulturzeitraum steht, im fünften großen Erdenzeitalter. Wir wollen untersuchen, was das bedeutet.

Wir leben im fünften großen Erdenzeitalter, in der nachatlantischen Zeitepoche. Dieses fünfte Zeitalter, das ist dasjenige, das den Menschen losgelöst hat von der göttlichen

Welt. Die atlantischen Menschen waren noch so, dass sie sich gottdurchdrungen fühlten, sich nicht als einzelne Menschen fühlten, sondern wie eine Umkleidung der Gottheit. Die Gottheit ist da, nicht der einzelne Mensch – so fühlte der atlantische Mensch.

Unser Zeitalter ist im Wesentlichen dazu da, den Menschen auf sich selbst zu stellen, ihn von der Gottheit abzulösen. Und das ist durch vier Kulturperioden hindurch geschehen, langsam und allmählich. Langsam in der altindischen Kulturperiode, die man noch nachfühlen konnte in den Mysterien von Ephesus. In der altindischen Kulturperiode fühlte sich der Mensch noch fast ganz in der Gottheit drinnen. Stark löste er sich dann los gegen die urpersische Periode hin. Verhältnismäßig weit ist er losgelöst in der dritten, sodass er schon den Tod aus der Ferne sich nahen empfand.

In der griechisch-lateinischen Kulturperiode wird der Tod so weit empfunden, dass aus dieser das bekannte Wort herrührt: Lieber ein Bettler in der Oberwelt als ein König im Reich der Schatten (Odyssee, 11. Gesang).

Jetzt, wo die fünfte nachatlantische Kulturperiode dazu ausersehen ist, allmählich den Tod wie einen Begleiter neben sich zu haben, werden wir moralische Kraft brauchen, um diese immerwährende Gegenwart des Todes zu ertragen. Da ist es wichtig, dass gerade in unserer unmittelbaren Gegenwart für uns zusammenfallen dieses Zeitalter, wo die Bewusstseinsseele und die Begleitung durch den Tod hereinbricht, und die Zeit der Herrschaft des Michael, jener Herrschaft, die überall eine Art Ende, eine

Art Vollkommenheitsziel bedeutet, Dekadenz und Vollkommenheit zugleich.

Michael, jener Geist, der in der Sonne lebte, der der wichtigste Diener des Christus-Geistes in der Sonne war, er erlebte zur Zeit des Mysteriums von Golgota dieses von der anderen Seite her. Die Menschheit auf der Erde hat das Mysterium von Golgota so erlebt, dass sie den Christus ankommen sah. Michael und die Seinen, die damals noch in der Sonne waren, haben es so erlebt, dass sie Abschied nehmen mussten von dem Christus.

Und man muss schon, meine lieben Freunde, auf seine Seele wirken lassen die beiden Pole dieses alles überragenden kosmischen Ereignisses: auf der Erde das Hosianna (Freudenruf) für die Ankunft des Christus und oben der Abschied von den Scharen des Michael. Das gehört zusammen.

Aber Michael erlebt eine große Metamorphose gerade in unserem Zeitalter. Sein Regierungsbeginn bedeutet ein Dem-Christus-Nachfolgen auf die Erde herunter und es wird in der Zukunft ein Voranschreiten vor den Taten des Christus auf der Erde bedeuten. Und man wird wiederum verstehen lernen, was es heißt: «Michael geht vor dem Herrn einher.»

Im Alten Testament – vor Oriphiel war ja auch eine Michael-Zeit – haben die Eingeweihten Asiens drüben davon gesprochen, dass Michael vor Jahve einhergeht, wie das Antlitz eines Menschen als vorderster Teil vor ihm einhergeht. Sie sprachen von Michael als dem Antlitz Jahves. Wir müssen lernen, von Michael als dem Antlitz des Christus zu sprechen. Aber es ist ein anderes Zeitalter, gewisse Dinge müssen zur höchsten Vollkommenheit kommen, wir müssen in einer gewissen Weise etwas fruchtbar machen lernen, was damals noch nicht fruchtbar sein konnte.

Nehmen wir einmal die sieben Gemeinden. Wenn wir ihnen den ersten Erzengelzeitraum *(Oriphiel)* zuteilen, der dem Christus-Ereignis und der Entstehung des Christentums parallel ging und der noch andauerte, als die Apokalypse verfasst wurde, wenn wir diesen ersten Zeitraum nehmen, dann wird er uns auch durch die Gemeinde von Ephesus repräsentiert. Und dann sehen wir in dieser Gemeinde von Ephesus nach der Apokalypse auch diejenigen, die in «erster Liebe» mit dem Christentum verbunden sind. Das alles ist aus dem Geheimnis der Zahl heraus zu verstehen.

Wir finden darauf folgend das Zeitalter des *Anael,* der seine Kräfte aus der Venus zieht. Wir finden in diesem Zeitalter die großen Liebestaten, die für die Ausbreitung des Christentums geschahen, unzählige Liebestaten, namentlich diejenigen Liebestaten, die in den Spuren lebten, auf denen die irischen Mönche das Christentum in Europa verbreiteten. Aber wir finden auch in dem übrigen Leben des Christentums die Liebe als das Präponderierende (Vorherrschende) unter dieser Herrschaft des Anael.

Es folgt dann die Herrschaft des *Zachariel,* der seine Kräfte aus dem Jupiter zieht, Weisheitskräfte vorzugsweise, Kräfte, die aber in diesem Zeitalter wenig verstanden werden konnten. Und statt einer eigentlichen Jupiter-Herrschaft beginnt schon damals die Erzengelherrschaft sich mehr in den Hintergrund zurückzuziehen. Die Menschheit reicht nicht mehr bis zur Region des Jupiter heran und verleugnet den Jupiter-Geist. Das bedeutsame, von der Entwicklung der Menschheit viel hinwegnehmende Konzil von Konstantinopel, das achte, das die Trichotomie (Dreiteilung) ausgeschaltet hat, fällt in diese Zeit.

Dann kommt das Zeitalter, in dem tätig ist, was in der äußeren Geschichte wenig beachtet wird. Die Menschheit ist krank in der Seele, als das Zeitalter des Zachariel vorbei ist. Die Menschheit ist recht krank, Krankheitsstoffe verbreiten sich von Ost nach West. Es leben furchtbare Krankheitsstoffe, die dem Christentum gefährlich werden, weil die Periode der Jupiter-Weisheit abgeschlossen ist. Es sind Krankheitsstoffe, die vom Materialismus herrühren, denn er ist es, der sich in das Christentum hereindrängt. Diese machen es möglich, dass der Materialismus auch innerhalb der christlichen Kultur sich geltend macht.

Aber hinter all dem steht etwas Merkwürdiges, was auf der Erde nur als Projektion vorhanden ist. Hinter all dem, was wie etwas Krankes zurückgelassen wird, steht etwas Merkwürdiges in dem Zeitalter, das seit dem 10., 11. Jahrhundert auf Zachariel folgt, in dem Zeitalter des *Raphael,* des «Arztes» unter den Erzengeln. Es war das Zeitalter, in dem hinter den Kulissen der Weltgeschichte geheilt wurde, nicht offenbar im Äußeren, aber viel im Inneren, auch in Bezug auf die Rettung gewisser moralischer Qualitäten, die damals dabei waren, zugrunde zu gehen. Viel wurde in dieser Weise geheilt.

Gegenüber dem, was durch den Mohammedanismus an Krankheitsstoffen nach Europa gebracht worden ist, wurde dasjenige heraufgerufen, was in einer anderen Form von dem christlichen Prinzip durchdrungen vom Osten° kommen musste. Man muss hinter den Kreuzzügen einen Heilungswillen suchen. Bei der Ursache der Kreuzzüge liegt das Prinzip, die Menschheit zu heilen, zu heilen von dem Materialismus, der sowohl vom Mohammedanismus als auch vom römischen Katholizismus drohte. Und Raphael, der Arzt unter den Erzengeln, ist im Grunde genommen der Inspirator derjenigen, die zuerst die Menschheit präpariert (vorbereitet) haben, jenen Orient zu suchen, nach dem die Kreuzzüge sich richteten.

Da aber, meine lieben Freunde, stehen wir in dem vierten kleineren Zyklus innerhalb des ablaufenden vierten nachatlantischen Zeitalters. Da stehen wir in dem vierten kleineren Zyklus innerhalb des vierten größeren, des griechisch-lateinischen Zeitraums. Aber dieser vierte Zeitraum war ausersehen, in sich das Mysterium von Golgota einzuschließen.

Der vierte kleinere Zyklus, der Raphael-Zyklus, ist intim verwandt mit der ganzen Grundstruktur des vierten größeren. Denn wir sehen, wie der Erzengel Raphael, indem er die Menschen zu den Kreuzzügen inspiriert, zu dieser Richtung ihres Blickes nach dem Osten° hinüber, um das Mysterium des Christus im Osten° zu finden, wie Raphael die Impulse des Christus besorgt, wie eine Atmosphäre spiritueller Art über dem Erdboden, über allem Geschehen schwebt.

Diejenigen, die damals nur ein wenig hinter die Kulissen des äußeren Geschehens schauen konnten, waren nur durch ein Spinnwebchen von einer unmittelbar anstoßenden Welt getrennt, so wie wir nur durch ein Spinnwebchen im letzten Drittel des neunzehnten Jahrhunderts getrennt waren davon, als Michael auf der Erde wirksam wurde.

So waren damals in jenem Raphael-Zeitalter hervorragende Geister, zu denen zum Beispiel Joachim von Floris und Alanus ab Insulis gehören, die in dieses Wirken Raphaels, in dieses hinter den Kulissen vor sich gehende Heilen der Menschheit hineinsahen. Und das war der Hintergrund für das Zeitalter des substanziell kranken Geistes, das sich auch dadurch bezeugt, dass in diesem Zeitalter ganz besonders angefangen wurde, das Lukas-Evangelium, das Evangelium der Heilung, zu verstehen. So findet man, wenn man die Zeit nach der Zahl anschaut, Gewichtiges in der Deutung der Ereignisse.

Es folgt dann das *Samael*-Zeitalter, das aus dem Mars seine Grundimpulse empfängt. Streitkräfte beginnen, sie werden der Menschheit eingeimpft. Die Fünf gerät in Opposition zur Vier. Das ist immer das Eigentümliche beim Übergang von Vier zu Fünf, dass die Fünf in Opposition gegen die Vier kommt.

Gehen wir in die alten Mysterien zurück, in denen durch lange Zeit die Schüler, die Adepten, in das Geheimnis der Zahl eingeweiht wurden, da finden wir, wie zu einer gewissen Zeit diese Schüler mit einer tiefen Überzeugung aus ihrem Unterricht herausgingen, einer Überzeugung, die sie in die Worte kleideten: Nun kenne ich die Zahl des Bösen, die Zahl Fünf.

Überall, wo im Weltall nach dem Zahlengeheimnis die Fünf waltet, hat man es mit der Welt des Bösen zu tun. Sie lehnt sich gegen die Vier auf und es folgen große Entscheidungen, die dahin gehen, entweder im Guten oder im Bösen zur Sechs hinaufzukommen. Doch inwiefern das immer mehr in Konkretes hineinführt, in die Weisheit des Herzens und der Menschenseele, davon morgen weiter.

Ich wollte Ihnen zeigen, wie man fortbetrachtend an dem Faden der Zahl in das Darstellen der Ereignisse hineinkommt.

Siebter Vortrag

Naturnotwendigkeit und Freiheit
Der Islam und das wahre Christentum

Dornach, 11. September 1924

Meine lieben Freunde!

Wir müssen nun, ehe wir in der Betrachtung der Apokalypse weiterschreiten, zu den Mitteln für das richtige Lesen
noch einiges hinzufügen, das aber mehr von außen genommen ist. Denn es handelt sich darum, dass wir uns mit der
gelesenen Apokalypse in unsere Gegenwart hereinstellen.

Dazu müssen wir ins Auge fassen, aus welchen spirituellen Untergründen heraus diese Apokalypse entstanden ist. Ich meine das in diesem Augenblick nicht so, wie
man heute in trivial-historischem Sinne ein Werk aus seiner Zeit heraus erklären will. Das ist nicht anwendbar auf
Werke, die auf die in der Apokalypse geschilderte Art aus
der geistigen Welt heraus konzipiert sind. Sie ist entstanden auf diejenige Weise, wie sie entstehen konnte nach den
geistigen Bedingungen ihrer Zeit – nicht nach den äußeren
historischen Bedingungen, aber nach den geistigen Bedingungen ihrer Zeit.

Nun fassen wir einmal diese Zeit ins Auge. Diese Zeit
der ersten Jahrhunderte des Christentums, bringen wir sie
im spirituellen Sinne in Zusammenhang mit der allgemei-
nen Weltevolution.

Ein wichtiges Jahr, wenn wir die Evolution ansehen, die hinter den äußeren Ereignissen vor sich geht, ist das Jahr 333 nach unserer° Zeitrechnung. Dieses Jahr 333 stellt denjenigen Zeitpunkt dar, zu dem *das Ich hereinschlug* in die Gemüts- und Verstandesseele, wie sie sich ausgebildet hat zwischen dem Jahr 747 vor unserer° Zeitrechnung und dem Beginn des Zeitalters der Bewusstseinsseele im 15. Jahrhundert. Dieses Jahr 333 steht mittendrin.

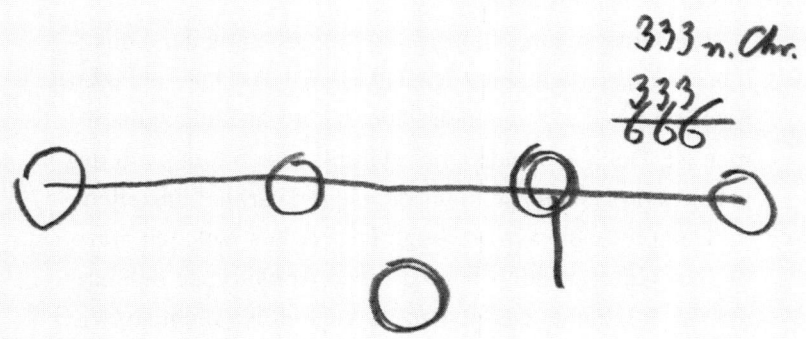

In diesem Zeitalter hat sich die Verstandes- und Gemütsseele ausgebildet, die eine große Rolle bei der Ausbildung der griechischen Geistesart spielte. Sie wirkte dann nach, bis das Zeitalter der Bewusstseinsseele kam. In dieses Zeitalter der Entwicklung der Verstandes- und Gemütsseele fällt das Mysterium von Golgota.

Nun müssen wir uns klar darüber sein, dass dieses Hereinschlagen des Ich in die Verstandes- und Gemütsseele etwas außerordentlich Bedeutsames darstellt. Mit der Verstandes- und Gemütsseele versteht man eben! Aber das Hereinschlagen des Ich, das um das Jahr 333 stattfindet, das erschüttert in der Tiefe der Seele in der allerernstesten Weise gerade die Menschheit, die für das Empfangen der geistigen Einflüsse in Betracht kommt.

Es müssen die äußeren Tatsachen der geschichtlichen Entwicklung von dem, der Anteil haben will am geistigen Leben und in der Richtung des geistigen Lebens wirken will, auf die geistigen Hintergründe hinorientiert werden. Was haben wir denn in der Zeit, als hinter den Kulissen der äußeren Ereignisse das Hereintreten des Ich in die Menschenseele stattfand, was haben wir denn da für hervorragende äußere Ereignisse, die alle im Licht dieses Hereintretens des Ich angesehen werden müssen? Ja, meine lieben Freunde, da beginnt plötzlich für den Menschen das ganze Verhältnis des Göttlichen zum Menschlichen unverstanden zu werden, wankend und strittig zu werden.

Wir haben zu diesem Zeitpunkt den bedeutsamen Streit zwischen Arius und Athanasius. In der Zeit, wo aus den Unklarheiten, die beim Hereinschlagen des Ich da waren, im Innersten, aber für den Menschen etwas unbewusst, die Frage auftaucht: Wie lebt denn eigentlich das Göttliche in der Menschennatur?, in dieser Zeit wurde der Mensch auch wankend darüber, wie er sich das Verhältnis des Göttlichen zur Welt und zum Menschen selbst zu denken hat.

Und da standen sich die beiden Anschauungen des Arius und des Athanasius in schroffer Weise gegenüber, und wir sehen, wie in Westeuropa die Ansicht des Athanasius die Oberhand gewinnt, wie die Anschauung des Arius einem allmählichen Untergang entgegengeht.

Fassen wir vom geistigen Standpunkt aus diesen Gegensatz, dann ist es vor allem wichtig, dass wir den inneren Sinn, den inneren Geist von so etwas wie der Apokalypse wirklich verstehen. Arius sieht auf der einen Seite den Menschen, wie er immer höher- und höhersteigt, der dem Göttlichen immer näherkommen soll, und er sieht auf der anderen Seite die göttliche Wesenheit. Er hat mit diesen großen Weltprinzipien nun das Mysterium von Golgota, die Natur des Christus zu verstehen. Er will sich die Frage beantworten, wie in dem Christus selbst die menschliche und die göttliche Natur steckt: Hat man in Christus ein wirklich göttliches Wesen zu sehen oder nicht? Und er beantwortet eigentlich diese Frage mit Nein.

Er steht auf dem Boden, der dann bei einem großen Teil der europäischen Bevölkerung der allgemeine Boden geworden ist, eine Grenzscheide zwischen dem Menschen und Gott aufzurichten, die Innewohnung Gottes im Menschen nicht zugeben zu wollen, einen Abgrund zu setzen zwischen Gott und dem Menschen.

Wir müssen uns ohne Vorurteil in jene Zeit der ersten christlichen Entwicklung zurückversetzen, die nichts gemein hat mit derjenigen, in der später innerhalb des römischen Katholizismus das Christentum in die Dekadenz gekommen ist. Wir müssen uns auch klar sein, dass es für die Weiterentwicklung der Menschheit damals notwendig war, die ganze Frage im Sinne des Athanasius zu entscheiden, der in dem Christus ein unmittelbar göttliches Wesen sieht, der in dem Christus den wirklichen göttlichen Sonnengeist sieht, wenn das auch später wegen der Abneigung, den Christus kosmisch vorzustellen, in den Hintergrund getreten ist. Aber in des Athanasius ganzer Geistesart liegt das, dass er den Christus als einen wirklich dem Vatergott gleichen Gott ansieht.

Diese Anschauung hat dann weitergewirkt, hat nur ihre ganze Evolutionsspitze 869 durch das 8. Konzil in Konstantinopel verloren, das die Lehre des ersten Konzils von Nicäa dadurch zerstört hat, dass die Trichotomie für ketzerisch erklärt worden ist. Damit beginnt dann auch die Dekadenz, denn damit war das Hineinwachsen in die Geistigkeit innerhalb der katholischen Kirchenentwicklung für spätere Jahrhunderte abgeschnitten.

Es ist jene Erschütterung, die im Inneren des Menschen stattfand beim Hereinbrechen des Ich in die Verstandes- und Gemütsseele, die dieses äußere Ereignis koloriert, die diesem äußeren Ereignis den eigenen inneren Sinn gibt. Und wenn wir weiter die Dinge historisch betrachten, so müssen wir uns sagen: Nach diesem Jahr 333 folgen diejenigen Zeiten, vor allem für die europäische Entwicklung, die mit dem alten Römertum brechen. Wir sehen, wie das alte Römertum, so wie es geworden ist, das Christentum nicht aufnehmen kann. Es ist ein grandioses Bild, das sich uns entrollt, wenn wir den Blick auf dieses Jahr 333 hin richten.

Es ist zu gleicher Zeit das Jahr, das die Zeitepoche angibt, in der das Römertum von Rom aus weiter nach Osten verlegt wurde. Es flüchtet sich derjenige römische Kaiser, derjenige römische Cäsar, der sich das Christentum aneignen will, von Rom aus weiter nach Osten.

Wir müssen nicht so sehr auf die Auswüchse und Schäden sehen, die dann im Konzil von Konstantinopel eintraten, wir müssen mehr auf so etwas sehen, was darin liegt, dass geflüchtet werden muss von Westen nach Osten, als in Rom das Christentum einschlägt. Das ist ungeheuer bedeutungsvoll. Von der geistigen Welt aus sieht es sich so an, dass die Bedeutung eines solchen Ereignisses so leuchtend ist, dass demgegenüber alles, was dann der Byzantinismus an Schäden bringt, weniger in Betracht kommt. Von ungeheurer Bedeutung ist es, dass das Christentum flüchten muss, als es vom Römertum in seiner äußeren Gestalt berührt wird.

Und es geht auf dem Boden, von dem Konstantin mit dem Christentum nach Osten geflüchtet ist, dann dasjenige auf, was sich im römischen Gebiet lange vorbereitet hat, was aber, indem es jetzt als Blüte aufgeht, das Christentum in äußere weltliche Formen hineinzwängt. Man muss sich nur vorstellen, was das heißt, dass das prophetische Auge des Apokalyptikers darauf hinsieht, wie in Rom in dem Moment, wo sich in ausgesprochener Weise das Römertum selbst für das Christentum erklärt, das Christentum die alten römischen Formen annimmt. Das ist der Aspekt, der sich darstellt:

- auf der einen Seite der geistige *Streit* zwischen *Arius und Athanasius,*
- auf der anderen Seite das alte Rom, das sich zum *Christentum* bekehrt, das aber *nach Osten* wandert.

Und die in Rom selbst zurückbleibende Form nimmt die römische Gestalt, die römische Staatsgestalt an und wird auch in ihrer äußeren Wirksamkeit die Fortsetzung des alten Rom.

Und nun sehen wir von gewissen Dingen, die wir geistig noch tiefer erklären werden, zunächst ab und sehen auf das Historische hin. Ja, dieses Historische sieht der Apokalyptiker in einer großen, gewaltigen Vision. Er macht darauf aufmerksam – das heißt, er spricht es nicht deutlich aus, aber er hat es in seinem Gefühl und es liegt in der Komposition seiner Schrift –, er macht darauf aufmerksam, wie das Wachstum alles desjenigen, was innerlich im Menschen und äußerlich in der Geschichte vor sich geht, wie das 333 Jahre braucht nach dem Mysterium von Golgota und wie dann eine merkwürdige Scheinentwicklung des Christentums eingreift. Das christliche Römertum ist entwurzelt nach Osten hinübergegangen, das römische Christentum hat sich den römischen Formen ganz anbequemt. Das ist der Boden, der dasjenige vorbereitet, was wieder 333 Jahre bis zum Jahr 666 dauert.

Und wenn wir uns vor die Seele rufen, meine lieben Freunde, was wir gestern gesagt haben über das Sichversenken in die Zahl bei solchen noch aus den alten Mysterien inspirierten Menschen wie dem Apokalyptiker, wenn wir das nehmen, dann werden wir uns sagen: Dieser Apokalyptiker schaut auf diese weiteren 333 Jahre hin, in denen das Christentum nach beiden Seiten hin in einem äußeren Schein sich entwickeln muss:

- nach *Osten* getrieben, in *trübe Nebel* gehüllt,
- im *Westen* das Alte wie ein *Ahrimanisches* bewahrend.

143

Da bereitet sich im Schoß der Erdentwicklung etwas vor, was geblieben ist vom alten nichtchristlichen Römertum. Worin besteht dieses nichtchristliche Römertum?

Schauen wir in die Mysterien hinein, so finden wir, dass in den ausgebildeteren, in den höheren Mysterien überall die Trichotomie, die heilige Dreizahl, eine tiefe Bedeutung hatte. Und wir wollen uns jetzt einmal vor Augen stellen, wie diese Bedeutung war.

Da stellte man sich den Menschen vor, wie er geboren wird im Verlauf der physischen Vererbungsströmung, den Menschen, wie er innerhalb der Weltordnung gedacht worden ist von der hebräischen Geheimlehre. Man stellte sich diesen Menschen vor mit seinen Fähigkeiten und Eigenschaften, wie er sie durch die Vererbung, durch die Abstammung mitgebracht hat. Man stellte sich das Leben des Menschen als eine in gerader Linie gehende Entwicklung vor, in die im Wesentlichen nichts eingreift als dasjenige, was orientiert ist durch die Impulse der Vererbung.

Ihr stammt von den physischen Elterngewalten ab, ihr tragt die geistigen Impulse der physischen Eltern waltend in euch – so etwa war die Lehre der Väter in den alten Mysterien. Und bei dieser Lehre blieb es in der hebräischen Geheimlehre und auch in anderen Geheimlehren.

Aber dazu fügte man in den Mysterien, die als die höheren zu bezeichnen sind, ein anderes. In diesen Mysterien sprach man davon, wie der Mensch, indem er die Impulse der Vererbung in sich trägt und sich mit ihnen entwickelt, während seines physischen Daseins zwischen Geburt und

Tod einen anderen Impuls aufnehmen kann, denjenigen Impuls, durch den er sich aus den Vererbungsverhältnissen heraushebt, durch den er sich seelisch herauswindet: den Sohnesimpuls, den Christus-Impuls. Und man sagte:

Die Impulse der Vererbung liegen im Menschen und bilden seine gradlinige Evolution zwischen Geburt und Tod. Sie sind vom Vater, vom Vater, der allem zugrunde liegt.

Die Impulse des Sohnes gehen nicht in die Vererbungskräfte ein, sie müssen in der Seele aufgenommen werden, von der Seele erarbeitet werden. Sie müssen die Seele so weiten, dass sie frei wird von den Leibeskräften, frei wird von den Vererbungskräften. Sie gehen in die Freiheit des Menschen ein, sie gehen in die Freiheit der Seele ein, wo sie frei ist von Vererbungskräften. Sie sind es, die den Menschen seelisch «wiedergeboren» werden lassen. Sie sind es, die den Menschen befähigen, dass er sich während seines ihm vom Vater gegebenen Lebens selbst in die Hand nimmt.

Und so sah man in allen diesen Mysterien

- den Vater-Menschen, den Menschen, der der *Sohn des Vaters* ist, und
- den Menschen, der der *Bruder des Christus* ist, der sich selbst in die Hand nimmt,

der dasjenige in sich herübernimmt, was frei ist vom Leib, und der ein neues Reich in sich tragen muss, das Reich des

Geistes, das nichts weiß von der Natur, das eine andere Ordnung darstellt als die der Natur.

Würde man nur vom Vatergott sprechen, so wäre man berechtigt, wenn auch nicht in der äußerlich materialistischen Weise wie heute, sondern mehr ähnlich wie in der hebräischen Lehre, überall von Naturwirkungen zu sprechen, die zugleich Geistwirkungen sind, denn in den Naturwirkungen sind überall Geistwirkungen enthalten. Unsere Naturwissenschaft, wie sie vor einiger Zeit entstanden ist und heute wirkt, ist nur eine einseitige Wissenschaft vom Vater.

Dazu kommt dann die Wissenschaft vom Sohn, vom Christus, die Wissenschaft, die sich darauf bezieht, wie der Mensch sich selbst ergreift, wie der Mensch einen Impuls erhält, den er nur mit der Seele, den er nicht mit den Vererbungskräften aufnehmen kann. Dass er sich da hineinlebt, ist zunächst ohne Gesetzlichkeit – ohne Gesetzeskraft und Gesetzeswirksamkeit. Die Wirksamkeit wird ihm da hereingebracht durch den Geist, sodass wir im Sinne der höheren Mysterien zwei Reiche haben:

- das *Reich der Natur,* das Reich des Vaters, und
- das *Reich des Geistes.*

Und der Mensch wird hineingetragen aus dem Reich der Natur in das Reich des Geistes durch den Sohn, durch den Christus.

Wenn wir uns so recht bewusst werden, wie solche Anschauungen den Apokalyptiker innerlich in der Seele noch beherrschten, seine ganze Zeit beherrschten, dann werden wir die Möglichkeit gewinnen, hineinzublicken in seine prophetische Seele, die die Zukunft in solchen großen Zügen überschauen konnte, um zu schauen, wie er dasjenige sah, was um das Jahr 666 sich ergoss über das nach zwei Richtungen hin in die Scheinbarkeit eingezogene Christentum.

Da fiel sein prophetischer Blick auf jene Lehre, die im Osten entsteht, um 666 schon entstanden ist, und die zurückgreift in jenes Mysterienwesen, das nichts vom Sohn weiß – auf die mohammedanische Lehre. Diese mohammedanische Lehre kennt nicht diese Struktur der Welt, von der ich Ihnen gesprochen habe, sie kennt nicht die zwei Reiche, das Reich des Vaters und das Reich des Geistes, sie kennt nur das eine Starre: Es gibt allein den Vater, es gibt nur einen Gott und nichts, was neben ihm ist. Und Mohammed ist sein Prophet.

Von diesem Gesichtspunkt aus ist es die stärkste Polarität zum Christentum, von diesem Gesichtspunkt aus ist es der Wille zur Beseitigung aller Freiheit für alle Zukunft, der Wille zum Determinismus, wie er nicht anders sein kann, wenn man sich die Welt nur im Sinne des Vatergottes vorstellt.

Und der Apokalyptiker empfindet: Da kann der Mensch nicht sich selbst finden, da kann der Mensch nicht «durchchristet» werden. Da kann der Mensch nicht sein Menschentum in sich ergreifen, wenn er nur diese ältere Lehre vom Vater fasst. Und für eine innerlich so starre und geschlossene Weltanschauung wird dann die äußere Menschengestalt zum Schein. Denn der Mensch wird Mensch dadurch, dass er sich selbst erfasst, dass er in sich den Christus lebendig macht, dass er sich in das von der Natur ganz freie Reich des Geistes, in die Geistesordnung hineinfügt. Dadurch wird er Mensch, er wird nicht Mensch, wenn er in die Anschauung zurückfällt, die nur mit dem Vatergott rechnet.

Das aber droht der Menschheit, nachdem das Ich hereingebrochen ist: dass die Menschheit irregemacht wird an der Durchdringung dieses Ich, das von 333 an in die Menschheit hereindringt, dass die Menschheit irregemacht wird an der Durchdringung dieses Ich mit dem Sohnesgott, mit dem Christus. Da steht auf nach einem Zeitraum, der ebenso lange dauert, wie der Zeitraum gedauert hat seit dem Mysterium von Golgota, da steht auf, was droht, den Menschen in der Tierheit zu erhalten: «Sechshundertsechsundsechzig ist die Zahl des Tieres.» (Vgl. Apokalypse 13,18).

In innerlich dezidierter Weise sah der Apokalyptiker, was den Menschen droht. Das Christentum ist nach zwei Richtungen hin in ein Scheinchristentum verfallen, in ein in Nebel gehülltes Christentum hineingeraten. Was ihm als ein solches Überflutetwerden droht, das bezeichnet das Jahr 666, das in der geistigen Welt das bedeutsame Jahr ist, wo überall eintritt, was im Arabismus, im Mohammedanismus lebt. Er bezeichnet dieses Jahr 666 mit aller Deutlichkeit. Diejenigen, die die Apokalypse lesen können, die verstehen das schon. Denn er sah voraus, wie dasjenige wirken wird, was da hereinbricht, um mit einem gewaltigen Wort die Zahl 666 als die Zahl des Tieres zu bezeichnen.

So nimmt er auf apokalyptische Art alles voraus, was dann folgt. Es folgt das Herüberströmen des Arabismus nach Europa, es folgt das Durchdrungenwerden des Christentums von einer Lehre, die nur dazu hat führen können, den Menschen in seiner Menschlichkeit zu verkennen, indem die Vaterlehre dann in den Naturalismus umgesetzt worden ist, wodurch die Evolutionslehre bis in die neueste Zeit hinein zu der Auffassung gedrängt worden ist: Man muss den Menschen erklären, indem man nur die Tierreihe bis herauf zum Menschen verfolgt. Es ist im Darwinismus noch so gewesen. Indem 666 heraufstieg die Zahl des Tieres, indem der Mensch sich nicht begreifen konnte als Mensch, konnte er sich nur begreifen als Tier. Wir sehen diese ahrimanischen Widerstände gegen den Sohnesgott wirken, weiterwirken in der Imprägnierung des Christentums mit der materialistischen Form der Vaterlehre. Das wirkt noch in unsere Zeit hinein.

Ich musste oftmals sagen: Man nehme aus der neuesten theologischen Entwicklung so etwas wie Harnacks *Das Wesen des Christentums*. Man kann überall, wo der Christus-Name steht, den Vater-Namen hinsetzen, denn es ist nur eine Gotteslehre, nicht eine konkrete Christus-Lehre. Es ist eine Verleugnung der Christus-Lehre, es ist an die Stelle des Christus der allgemeine Vatergott gesetzt, ohne dass auch nur ein Vorstoß zu all dem gemacht wird, was Christologie ist.

Das sieht der Apokalyptiker herankommen. Und indem er das herankommen sieht, liegt darin dem Wesen nach schon dasjenige, was sich auf seine Seele legt: die Schwierigkeit mit der Wandlung.[10]

Denn in der Wandlung° ist die ganze Frage von Vater und Sohn enthalten. In dem Streit über die Transsubstantiation (Wandlung), wie er dann im Mittelalter heraufgezogen ist, liegt etwas von derjenigen Bedrückung, die die Menschheit im Streit zwischen Arianismus und Athanasianismus gesehen hat.

In der Wandlung° handelt es sich darum, dass sie nur eine Bedeutung haben kann, wenn ihr zugrunde liegt eine wirkliche, dem Geistigen entsprechende Auffassung der Christologie, der Art, wie der Christus mit der Menschheit und mit der Erde verbunden ist. Aber durch das Hereinbrechen des Athanasianismus war die Lehre über die Wandlung° immer der Annäherung an die Vater-Lehre ausgesetzt, der Annäherung daran, dass so etwas wie die Metamorphose, die sich mit den Substanzen vollzieht, die für die Wandlung° in Betracht kommen, dass so etwas in die Reihe der Naturvorgänge gestellt wird, in das Geistige der Naturvorgänge.

Und alle die Fragen, die sich an das Abendmahl ange-

---

10 Diese Schwierigkeit nun, meine lieben Freunde, Ihr wißt es ja selber wie Eure Seelen mit der Schwierigkeit der Transsubstanziation, als diese christliche Erneuerung inauguriert wurde, gekämpft haben und wieviel von Euch noch weiter gekämpft wird mit dem, was heute noch Schwierigkeiten sind in der Auffassung dieser Transsubstanziation; wir gedenken mancher Diskussionsstunde von drüben, in jenem Zimmer von dem aus der Brand des Goetheanum seinen Anfang genommen hat, gerade über die Transsubstanziation; denn in der Transsubstanziation ist ja enthalten …

lehnt haben, entspringen daraus, dass man sich sagte: Wie kann erfasst werden dasjenige, was sich in der Wandlung° vollzieht, sodass man es vereinigen kann mit dem, was man in der Richtung der Vaterevolution der Welt, was man im Wirken des Vatergottes durch die Naturgesetze hat?

Aber nicht die «Wunderfrage» kommt da in Betracht, sondern die Frage des Sakramentalismus, die auf etwas ganz anderes hinausgeht als auf die triviale Wunderfrage, die im 19. und schon im 18. Jahrhundert so sonderbare Schwierigkeiten gemacht hat. Das kommt in Betracht, dass in der Welt gedacht werden muss die Ordnung des Vaters und die Ordnung des Geistes. Zwischendrin steht der Sohn, der das Reich der Natur in das Reich des Geistes innerhalb der Menschenwelt hinaufhebt.

Und wenn wir dieses vor unsere Seele hinstellen, dann erscheint uns diese Wandlung° als etwas, was wir gar nicht sehen können in der weiten Naturordnung, was aber deshalb nicht minder mit einer Realität ausgestattet ist, mit einer geistigen Realität, mit einer wirklichen geistigen Realität, von der ebenso gesprochen werden kann wie von der Naturordnung.

Aber der Apokalyptiker sieht voraus, wie schwer es den Menschen werden wird, da 666 mit einer solchen Gewalt in die menschliche Evolution hineinspielt, wie schwer es den Menschen werden wird zu sagen: Es gibt diese andere Ordnung, die geistige Ordnung, neben der Naturordnung!

Hier kommt nun etwas, was aus der Geisteswissenschaft° heraus Licht werfen kann gerade auf so etwas wie die Wandlung°.

Denn durch Geisteswissenschaft° machen wir uns wieder bewusst, wie der Mensch in wiederholten Erdenleben lebt, wie der Mensch, indem er in seinem Tun innerhalb der äußeren physischen Welt dasteht, die Impulse in sich hat, die in der Vererbungslinie liegen, die mit der Vererbung, mit der Vaterkraft zusammenhängen. Da steht der Mensch, da sind in dem, wie er sich auslebt, die Vererbungskräfte. Viel liegt in diesen Vererbungskräften, was mit dem menschlichen Schicksal, wenn wir es nur äußerlich betrachten, zusammenhängt, was aus den in die Natur hineingeheimnissten Vaterkräften geschieht.

Da spielt aber fortwährend in den Menschen hinein, der so handelt, dass er in seinem Tun den Geist heraufbringt, den er im gegenwärtigen Dasein errungen hat, da spielt hinein in seine physische Leiblichkeit alles dasjenige, was als Ergebnis der früheren Erdenleben kommt. Das wirkt auch in ihm, da liegen auch Kräfte zugrunde.

Schauen wir uns eine menschliche Handlung an. Sie kann von zwei Aspekten aus gesehen werden: vom Aspekt des Menschen, der geboren ist von Vater, Mutter, Großvater, Großmutter und so weiter; aber man schaue die Handlung vom anderen Aspekt aus an: Da wirken in ihr Kräfte, die die Nachwirkung von früheren Erdenleben sind. Wir haben da eine ganz andere Ordnung, die deshalb auch nicht von irgendeiner Naturwissenschaft, das heißt von einer Vaterwissenschaft, begriffen werden kann.

Also es gibt eine Möglichkeit, zu zwei Dingen hinzuschauen, die «essentiell» (dem Wesentlichen nach) dasselbe sind, wenn sie auch «akzidentiell» (dem Unwesentlichen

nach) verschieden sind. Wir schauen hin auf der einen Seite, wie aus dem Menschen heraus das Karma, das Schicksal, als Ergebnis früherer Erdenleben sich entwickelt. Wir
haben da eine Gesetzmäßigkeit, die ganz und gar nicht eine
Naturgesetzmäßigkeit ist, die aber da ist. Und wir schauen
hin auf den Altar, wie die Wandlung° als geistige Realität
sich auch nicht äußerlich sichtbar in den physischen Substanzen vollzieht. Da drinnen herrschen dieselben Gesetze.
Zwei Dinge können wir zusammenbringen:

- die Art und Weise, wie *Karma* wirkt, und
- die Art und Weise, wie die *Wandlung°* sich vollzieht.

Wer das eine versteht, kann das andere verstehen.[11]

Damit ist aber zugleich auf die ungeheure Schwierigkeit hingewiesen, die für die Auffassung der Wandlung° dadurch entstand, dass man nicht mehr eine solche Gesetzmäßigkeit begreifen konnte, wie sie im menschlichen Karma
vorhanden ist und wie sie der Wandlung° zugrunde liegt.

Jenes Ich, das im physischen Leben die Freiheit erringt,
das 333 in den Menschen eingezogen ist, das nach zwei
Seiten hin das Christentum in einen Nebel gehüllt hat –
das das Christentum zum Flüchten brachte auf der einen
Seite nach Osten, auf der anderen Seite in das alte Römertum, das niemals ganz christlich sein konnte –, jenes Ich

---

11 Das ist eins der Mysterien, das Ihr, meine lieben Freunde, in
der neuen Priesterschaft fassen müßt; das ist eins der Mysterien,
unter deren Licht diese priesterliche Gemeinschaft sich aus der
Anthroposophie heraus entwickeln muß. Es ist einer der innerlichen Gründe dafür.

hat mit seinem Einzug im Jahr 333 auch einen Schatten, eine Finsternis geworfen über die Zusammenhänge zwischen den verschiedenen Erdenleben.

Wäre dieses Ich nicht eingezogen, was wäre geschehen? Julian Apostata – den man eigentlich in Bezug auf die alten Mysterien nicht den Apostat (Abtrünnigen), sondern den Confessor (Bekenner) nennen sollte –, Julian Apostata hätte gesiegt. Mit der Lehre der alten Mysterien, die er hatte einführen wollen, hätte geschehen können, dass von der Menschheit das Ich, das hereingezogen ist aus geistigen Welten, so aufgenommen worden wäre, dass man damit auch die Karmalehre begriffen hätte.

Die Menschheit musste aber stärkere Wälle überschreiten, nicht auf so leichte Weise in das Verständnis des Christentums hereinkommen, wie es der Fall gewesen wäre, wenn Julian Apostata gesiegt hätte.

So wurde die Menschheit dem Heraufkommen des Tieres ausgesetzt, den Folgen der Ereignisse von 666.

So wurde der Menschheit die Karmalehre entzogen, und so wurde in die Menschheit die Lehre der Wandlung° so hereingestellt, dass sie nichts Analoges (Gleichartiges) hat in der Weltanschauung, denn das beste Analogon zum Verständnis der Wandlungs°-Lehre ist das Verständnis der Karmalehre. Die Kraft, womit aus aufeinanderfolgenden Erdenleben das Schicksal eines Menschen in einem folgenden Leben gemacht wird, das ist keine Naturkraft, das ist keine Vaterkraft. Das ist die Kraft des Geistes durch die Vermittlung des Sohnes. Die Kraft, die am Altar bei der Umwandlung des Sanktissimum wirkt, ist dieselbe.

Und wir müssen uns schon tief in die Seele hinein-
schreiben: Wenn wir das richtig verstehen, wenn wir unsere Seele, unser Gemüt zu derartigen geistigen Impulsen
erheben, die von Erdenleben zu Erdenleben wirken, dann
verstehen wir auch dasjenige, was am Altar in der Wand-
lung° geschieht. Denn da ist es nicht anders, als dass das
gewöhnliche Verständnis ebenso auf das Sanktissimum
hinschaut und nichts «sieht» von dem, was geschieht, wie
man im Schicksal des Menschen mit dem materiellen Sinn
nichts sieht als das, was aus den Kräften seiner Muskeln,
seines Blutes hervorgeht, aus dem, was in der Vererbungsströmung liegt.

Das sind die Zusammenhänge, meine lieben Freunde,
ohne deren Verständnis ein wahres Verständnis der Apokalypse und des Apokalyptikers nicht möglich ist, die aber
unmittelbar von den Impulsen her, die wir ganz deutlich
in der Apokalypse lesen können, in die Gegenwart herein-
führen.

Achter Vortrag

Sonnengenius und Sonnendämon
Der Materialismus als notwendige Gegenkraft

Dornach, 12. September 1924

Meine lieben Freunde!

Wenn wir die Hauptzentren vor unsere Seele stellen, in denen der Apokalyptiker die Darstellung seiner Schauungen kulminieren lässt, wie wir das bisher mit einigen getan haben, dann wird sich uns die ganze Komposition und der fortlaufende Inhalt der Apokalypse in aller Kürze ergeben.

Deshalb ist es notwendig, dass wir in diesem Betrachten von Hauptpunkten, von Hauptzentren, heute noch fortfahren und morgen den wirklichen fortlaufenden Inhalt auseinanderzusetzen beginnen.

Ich habe gestern darauf aufmerksam gemacht, dass dem Apokalyptiker vor Augen steht, wie über die Christenheit, die er als die wirkliche Christenheit empfindet, wie über diese Christenheit dasjenige hereinbricht, was sie hinlenken will zum Abfall von dem Christus-Prinzip, zurücklenken will zu dem Vater-Prinzip, das, wenn es siegt, in diesem Zeitraum nur materialistisch-naturalistische Formen annehmen kann.

Und der Apokalyptiker, der die Dinge und Vorgänge nach dem Geheimnis der Zahl sieht, nach dem Geheimnis der Zahl schaut, empfindet dabei, wie der Musiker nach dem Geheimnis der Zahl die Tonzusammenhänge empfindet, sich dessen aber höchstens an gewissen Stellen bewusst wird. So empfindet mehr oder weniger bewusst schauend der Apokalyptiker solche Geheimnisse, wie sie mit der Zahl 666 verbunden sind.

Nun handelt es sich darum, dass wir in den Kosmos hineinschauen, um diese Geheimnisse von 666 noch weiter aus dem Kosmos selbst herauszuholen.

Bedenken wir, dass die ganze christliche Offenbarung eine Sonnenoffenbarung ist, dass der Christus das Wesen ist, das aus der Sonne kommt, der Christus, der vor sich Michael mit seinen Scharen hersendet, stellen wir uns vor die Seele, dass wir selbst im Michael-Zeitalter leben, dann wird sich uns dasjenige, was mit dem Christus-Impuls als Sonnenmysterium zusammenhängt, in einer tieferen Weise vor die Seele stellen können.

Immer wird es bei der Bekämpfung des Christentums in den Tiefen der Menschenseele darauf ankommen, das zu bekämpfen, dass das Geistige des Christentums mit der Sonne zusammenhängt. Es kann den Gegnern des Christentums nichts wichtiger sein als dieses, dass die Menschen die Anschauung von der Sonne als Geistwesen vollständig verlieren und nur die Anschauung von der Sonne in ihrem physischen Dasein behalten, wie ich es an anderer Stelle dieser Vorträge charakterisiert habe.

Tatsächlich lag im Hereinbrechen des Arabismus die große Gefahr vor, das Geheimnis der Sonne als das Geheimnis des Christus selbst zu vergessen und der ganzen

Evolution der Menschheit eine andere Richtung zu geben, als die Michael-Richtung ist, die für die Menschheit überall die Christus-Evolution vorzubereiten hat, die ihr das menschliche Verständnis dafür zu geben hat.

Für den Apokalyptiker, der hinter die Kulissen der äußeren geschichtlichen Entwicklung schaut, für ihn spielt sich dasjenige, was äußerlich in der Weltordnung geschieht, vor dem Hintergrund übersinnlicher Vorgänge ab. Und so wollen wir sehen, wie diese übersinnlichen Vorgänge ausschauen.

Wenn wir die Sterne unseres Planetensystems einschließlich der Sonne ins Auge fassen, haben wir in jedem dieser Planeten eine Versammlung von Wesenheiten. Auf der Erde haben wir eine Versammlung von Menschen in ihrer Evolution. Und wenn wir uns eine tief in die Seele gehende Vorstellung von dem Menschen auf der Erde machen wollen, so können wir, da eine Entwicklung in der Zeit da ist und wir ebenso gut wie den heutigen einen späteren Punkt der Entwicklung ins Auge fassen können, in dem die Menschheit eine viel höhere Stufe erreicht haben wird, so können wir uns zum Beispiel die Vulkanentwicklung, die einst auf die Erdentwicklung folgen wird, vor die Seele stellen.

Man kann sich vorstellen, was jemand von der Erde als einem Weltkörper, der die Versammlung von «Vulkanmenschen» enthält, für eine Vorstellung bekommen müsste, wenn er sie vor sich hätte. Und dennoch wäre es die Erde mit ihren Menschen, nur in einem anderen Stadium. Und es ist von großer Bedeutung für die Menschenseele, dass sie sich in dieser Weise die Erde als ein Ganzes vorstellt, dass sie nicht den heutigen Zustand der Menschheit auf der Erde nimmt, sondern den Vulkanzustand, der im Keim schon in dem heutigen Zustand enthalten ist, den der Mensch schon in sich trägt und daher auch schon da ist.

Wenn wir die anderen Planeten anschauen, haben wir überall eine solche Versammlung von Wesenheiten. Die Erde ist bestimmt, die Entwicklungsstätte des Menschen zu sein, deshalb liegt sie in der Mitte. Wir haben dann die anderen Planeten, wir haben zum Beispiel einen solchen Planeten wie den heutigen Jupiter, der uns zeigt, wie seine Wesen ganz anderer Art sind. Wir kommen mit diesen Wesen zusammen, wenn wir zwischen Tod und neuer Geburt unser Karma ausarbeiten. So ist es mit jedem der Planeten einschließlich der Sonne.

Und wenn wir uns die Gesamtheit dessen vorstellen, was da als Wesen waltet im Zusammenhang mit den einzelnen Planeten, dann bekommen wir dasjenige, was als die Geistigkeit eines Planeten, als die Geistigkeit jedes einzelnen dieser Planeten bis ins 14. Jahrhundert selbst von den katholischen Kirchenlehrern als die «Intelligenz» des Planeten vorgestellt worden ist. Wir können von der Intelligenz eines Planeten als von einer Realität sprechen, wie wir von der Erdenmenschheit als der Intelligenz der Erde sprechen können.

Und jeder solche Planet hat nicht nur – und das wussten, wie gesagt, die Kirchenlehrer bis ins 14., 15. Jahrhundert –, jeder solche Planet hat nicht nur seine Intelligenz, sondern auch seinen «Dämon». Die Gesamtheit der Gegner der Intelligenz auf einem Planeten ist sein Dämon. Und so auch auf der Sonne.

Wenn wir nun in dem Christentum eine Evolution im Sinne des Sonnengenius sehen, der Sonnenintelligenz, so müssen wir in dem, was der Evolution des Christentums widerstrebt, den Sonnendämon sehen. Und das sah der Apokalyptiker. Er sah hinter die Kulissen desjenigen, was geschieht, indem das Christentum aus Rom nach Osten flüchtet, indem das Christentum andere Formen des Bekennens annimmt, er sah hereinbrechen in dieses nach zwei Seiten hin vom Schein bedrohte Christentum das mächtige Gegenprinzip des Arabismus.

Indem er hinter die Kulissen der äußeren arabischen und mohammedanischen Taten sah, war es ihm klar: Da arbeitet gegen den Sonnengenius, gegen die Sonnenintelligenz, der Sonnendämon. Den Sonnendämon, ihn musste er daher als dasjenige hinstellen, was lebt und wirkt gegen das Christus-Prinzip im Menschen, sodass der Mensch den Anschluss an die Göttlichkeit des Christus nicht erreichen kann, wenn er sich diesem Sonnendämon hingibt, sondern im Untermenschlichen bleiben wird.

Dem Sonnendämon ergebene Menschen – so würde der Apokalyptiker die Vertreter des Arabismus in Europa ihrer Seelenart nach genannt haben, wenn er danach gefragt worden wäre. Ihm war es klar, dass aus diesem Arabismus alles aufsteigt, was den Menschen an die Tierheit heranbringt – in den Anschauungen, aber nach und nach auch in den Willensimpulsen. Die Dinge, die in der Welt als die tiefste Realität geschehen, die sind so, dass man nicht immer Ursache und Wirkung nebeneinander hat, die Absicht und das, was die Absicht zur Folge hat.

Deshalb darf man fragen: Was würde geschehen, wenn der Arabismus, die Lehre des Sonnendämons, vollständig siegen würde? Dann wäre die Menschheit herausgeworfen aus dem Erleben solcher Zustände, wie sie erlebt werden müssen, wenn das Wirken des Karmas aus früheren Inkarnationen oder die Wandlung° erfasst werden sollen.

Letzten Endes war das, was aus dem Arabismus herausfloss, gegen das Verständnis der Wandlung° gerichtet. Gewiss, die äußerlichen Tatsachen schauen nicht so aus, aber der Sonnendämon, er hat die Absicht, indem er nur das alte Vaterprinzip, nur die natürlichen Zusammenhänge gelten lässt, hinwegzufegen von der menschlichen Anschauung jene Art des Zusammenhangs, die bei einem Sakrament wie der Wandlung° in allerhöchstem Maße tätig ist.

Und so ist um dieses Jahr 666 für den Apokalyptiker der Sonnendämon ganz besonders am Werk. Er beschreibt ihn so, dass jeder Initiierte ihn wiedererkennt. Denn jede dieser geistigen Wesenheiten, die man die Intelligenzen und die Dämonen der Planeten, die Intelligenz und den Dämon der Sonne nennt, sie haben innerhalb der Mysterien, in denen sie bei wichtigen Angelegenheiten wesenhaft anwesend waren, ihre Schlüsselzeichen. Und der Sonnendämon hat dieses Zeichen (s. Zeichnung, nächste Seite).

Der Apokalyptiker beschreibt ihn als das «zweihörnige Tier». In der lateinischen Zeit, in der man in der Mysteriensprache das Griechische mit dem Lateinischen verknüpfte, hatte man jene Art zu lesen, die in Zahlen las, schon etwas veräußerlicht. Aber man las noch in Zahlen.

Der Apokalyptiker bedient sich der besonderen Lesart, die in seiner Zeit üblich war. Er schreibt die Zahl 666 so: 60, 6, 200, 400. Er schreibt sie mit hebräischen Buchstaben: Samech (ס), Waw (ו), Resch (ר), Taw (ת). Indem er diese Buchstaben in ihrem Zahlenwert schreibt, hat er von rechts nach links gelesen.

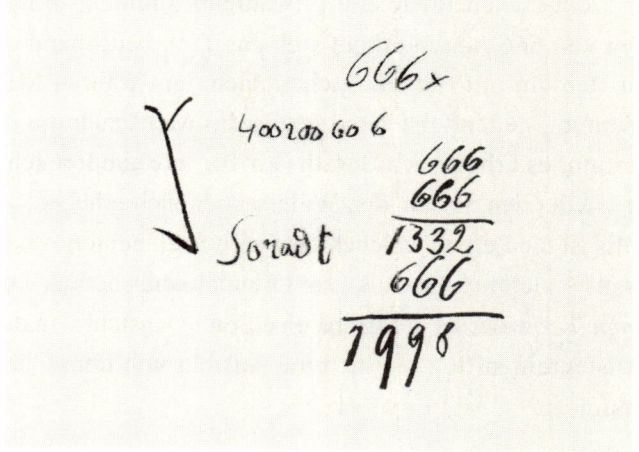

Diese Konsonanten, zu denen man die entsprechenden Vokale zu sprechen hat, ergeben «Sorath» (סורת) – den Namen desjenigen Dämons, der dieses Zeichen hat, des Sonnendämons. Sorath hieß zu der Zeit der Sonnendämon. Er beschreibt dieses Zeichen und wir erkennen es genau. Der Apokalyptiker sieht alles dasjenige, was in der Art wie der Arabismus dem Christentum entgegenwirkt, als einen Ausfluss jenes Geistes, der durch Sorath, den Sonnendämon, repräsentiert wird.

163

Aber, meine lieben Freunde: 666 ist einmal da in jener Zeit, in der der Arabismus in das Christentum einschießt, um der abendländischen Kultur das Siegel des Materialismus aufzudrücken; es ist ein zweites Mal da, nachdem wieder 666 verlaufen ist – 1332, im 14. Jahrhundert. Und da haben wir ein neues Sicherheben des zweihörnigen Tieres aus den Fluten des Weltgeschehens.

Es erscheint dem, der so schaut wie der Apokalyptiker, das Weltgeschehen wie ein fortwährendes Fluten: In Epochen von 666 Jahren erhebt sich das Tier, bedrohend das Christentum mit seinem Suchen nach dem wahren Menschentum, geltend machend gegen das Menschentum das Tiertum, es erhebt sich Sorath. Im 14. Jahrhundert sehen wir wieder den Sorath, den Widersacher, sich erheben.

Es ist die Zeit, in welcher aus tiefen Seelenuntergründen heraus – viel mehr als aus dem Orientalismus heraus – der *Tempelherrenorden* in Europa eine Sonnenansicht von dem Christentum stiften wollte, eine Ansicht von dem Christentum,

- die wiederum hinaufschaute zu dem Christus als *Sonnenwesen,* als kosmischem Wesen,
- die wiederum etwas wusste von den Geistigkeiten der Planeten und der Sterne, wie zusammenwirken im Weltgeschehen die *Intelligenzen* weit auseinanderliegender Welten, nicht bloß die Wesenheiten eines Planeten,
- die wiederum etwas wusste von den mächtigen *Oppositionen,* die sich finden durch solche widerspenstigen

Wesenheiten wie der Sonnendämon Sorath, einer der Mächtigsten innerhalb unseres Sonnensystems.

Im Grunde ist es Sonnendämonie, die mit dem Materialismus im Menschen wirkt. Es ist heute natürlich billig, davon zu sprechen, was aus der europäischen Zivilisation geworden wäre, wenn der so mächtige, auch äußerlich mächtige Tempelherrenorden – man hat ihm seine Schätze ja genommen –, wenn der Tempelherrenorden seine Absichten hätte ausführen können.

Aber in dem Untergang dieses Ordens lebt in den Herzen und Seelen derjenigen, die nicht früher ruhen konnten, bis Jakob von Molay 1314 den Tod gefunden hatte, in den Herzen und Seelen derer, die die Widersacher des kosmischen, des in den Kosmos hinausschauenden Christentums waren, lebt wieder Sorath auf. Und er lebt nicht zum geringen Teil so, dass er sich der damaligen Gesinnung der römischen Kirche bediente, um gerade die Templer totzumachen.

Damals war schon anschaulicher das Hervortreten dieses Sorath. Denn es umwebt ein grandioses Geheimnis den Untergang dieses Tempelherrenordens: Wenn man in dasjenige hineinschaut, was in diesen Menschen, die als Templer damals hingerichtet worden sind, während ihrer Folterungen vorging, dann bekommt man schon eine Vorstellung davon, wie das, was von Sorath angestiftet ist, in den Visionen der gefolterten Templer lebte, sodass sie sich selbst verleugneten und man aus ihrem eigenen Mund eine billige Anklage hatte.

Das furchtbare Schauspiel stand vor den Menschen, dass diejenigen, die etwas ganz anderes vertraten, während ihrer Folterung nicht davon sprechen konnten, sondern dass die verschiedenen Geister aus den Heerscharen des Sorath aus ihnen sprachen und über den Orden die schändlichsten Dinge aus den Angehörigen des Ordens selbst sprachen.

Zweimal ist 666 erfüllt. Es ist heute (1924) die Zeit, in der von Sorath und den anderen Gegendämonen alle Anstalten gemacht werden in der geistigen Welt, um das Sonnenprinzip nicht auf die Erde kommen zu lassen, um das aber kämpft, seine neue Herrschaft vorbereitend, *Michael* mit seinen Scharen,

- der der Erdenregent vor dem Mysterium von Golgota zur *Alexander-Zeit* war,
- der dann von den *anderen Erzengeln* abgelöst wurde, von Oriphiel, Anael, Zachariel, Raphael, Samael, Gabriel, und
- der seit dem *letzten Drittel des 19. Jahrhunderts* wiederum die Erdenherrschaft hat,

um in seiner Art weiterzuarbeiten für den Christus, für den er gearbeitet hat, bis seine vorige Herrschaft zu Ende war, bis ungefähr zum Ende der Alexander-Herrschaft. Jetzt ist Michael da auf der Erde, aber jetzt um auf der Erde dienstbar zu werden in der Vorbereitung des Christentums, des tieferen christlichen Impulses.

Nun habe ich im Laufe der Zeit hier und an verschiedenen Orten ausgeführt, wie dieses Michaeltum in geistiger

Beziehung eingeleitet worden ist. Ein Stück davon habe ich neulich in einem Vortrag erwähnt, wo ich darauf hinge-wiesen habe, wie 869 nach unserer Zeitrechnung unter der Regentschaft Michaels von den Individualitäten Alexander und Aristoteles eine wirklich christliche Impulsivität ein-geleitet worden ist.[12]

Aber das ging dann weiter. Im Beginn des neuen Zeit-alters, wo die Bewusstseinsseele eingreift, haben wir einen großartigen Blick, wenn wir hinaufschauen in das dem phy-sischen Geschehen parallel gehende, zur Erdenmenschheit gehörende Geistesgeschehen. Wir haben eine übersinnliche Schule mit Michael als Lehrer.

Diejenigen, die für wirkliche christliche Fortentwick-lung tätig sein wollen – seien sie in dieser Zeit nichtverkör-perte Seelen, seien sie andere geistige Wesenheiten –, sind in Scharen wie in einer großen übersinnlichen Schule um Michael versammelt, im 14. bis 16. Jahrhundert, wo vor-bereitet werden diejenigen Seelen, die dann für Michaels Herrschaft zu Anfang des 20. Jahrhunderts auf der Erde er-scheinen sollen. Hinschauend auf das, was da vorbereitet worden ist, ist die anthroposophische Weltanschauung das-jenige, was im Sinne dieser Evolution arbeiten will.

Aber aus dem, was da im Anschauen alter Mysterien-weisheit und im prophetischen Schauen künftiger Weis-heit Mysterienlehre war und ist, aus dem folgt, dass die Menschen, die das innere Christentum, das vergeistigte

---

12 Das ist nicht direkt auf der Erde, sondern in der geistigen Welt geschehen [*Red*].

Christentum aufnehmen, die mit Bezug auf das Christentum zum Sonnengenius hinschauen, dass diese Menschen mit einer Beschleunigung ihrer Evolution am Ende dieses 20. Jahrhunderts wiedererscheinen werden.

Denn alles dasjenige, meine lieben Freunde, was wir jetzt in dieser Zeit tun können, wenn wir die Spiritualität ergreifen, es ist von großer Bedeutung für die Lehre und für das Tun der Menschen in diesem Zeitalter, gesehen sub specie aeternitatis. Es ist eine Vorbereitung für dasjenige, was in großen, umfassenden, intensiven Geistestaten geschehen soll am Ende dieses 20. Jahrhunderts.

Nachdem viel vorangegangen ist, was sich der Spiritualisierung der modernen Zivilisation widersetzt, nachdem die zweite 666 im Zeichen jener großen Umwälzung in Europa gestanden hat, die durch die Kreuzzüge eingeleitet worden ist und die in dem Auftreten und Untergang der Tempelritter ihre äußere Tatsache gefunden hat, wirkt alles dasjenige weiter, was vom Sonnengenius sich bemüht, das wahre Christentum hervorzubringen. Und es wirkt weiter, was von Sorath sich bemüht, dem entgegenzuarbeiten.

Und wir haben das Zeitalter der dritten 666: 1998. Wir kommen zum Ende dieses Jahrhunderts, wo Sorath wiederum aus den Fluten der Evolution am stärksten sein Haupt erheben wird, wo er der Widersacher jenes Anblicks des Christus sein wird, der den dazu vorbereiteten Menschen schon in der ersten Hälfte des 20. Jahrhunderts durch die Sichtbarwerdung des ätherischen Christus werden wird. Es wird dann fast zwei Drittel des Jahrhunderts dauern, bis Sorath in mächtiger Weise sein Haupt erhebt.

Meine lieben Freunde! Beim Ablauf der ersten 666 war Sorath noch in den Evolutionsgang der Ereignisse hineingeheimnisst. Man sah ihn nicht in äußerlicher Gestalt, er lebte in den Taten des Arabismus drinnen, nur der Initiierte konnte ihn sehen. Als die zweiten 666 abgelaufen waren, zeigte er sich schon in dem Denken und Fühlen der gefolterten Templer. Noch vor Ablauf dieses Jahrhunderts wird er sich zeigen, indem er in zahlreichen Menschen auftreten wird als diejenige Wesenheit, von der sie besessen sind.

Man wird Menschen heraufkommen sehen, von denen man nicht wird glauben können, dass sie wirkliche Menschen sind. Sie werden sich auch äußerlich in einer eigentümlichen Weise entwickeln, sie werden äußerlich intensiv starke Naturen sein mit wütenden Zügen, mit Zerstörungswut in ihren Emotionen. Sie werden das Antlitz tragen, in dem man äußerlich eine Art Tierantlitz sehen wird. Die Sorath-Menschen, sie werden auch äußerlich kenntlich sein, sie werden diejenigen sein, die in der furchtbarsten Weise nicht nur verspotten, sondern bekämpfen und in den Pfuhl stoßen, was geistiger Art ist.

Man wird es erleben, wie dasjenige, was konzentriert ist auf einem engen Raum in seinen Keimen im heutigen Bolschewismus, eingefügt werden wird in die ganze Erdentwicklung der Menschheit.

Darum ist es so wichtig, dass alles dasjenige, was nach Spiritualität strebt, das auch wirklich tut. Denn das, was der Spiritualität widerstrebt, das wird da sein, denn das arbeitet nicht unter der Freiheit, sondern unter dem Determinismus. Dieser Determinismus geht dahin, dass am Ende dieses

Jahrhunderts Sorath wieder los sein wird und dass das Bestreben, alles Geistige hinwegzufegen, in den Absichten einer großen Anzahl von Erdenseelen sitzen wird, derjenigen Seelen, die prophetisch der Apokalyptiker vorausschaut, mit ihrem tierhaften Antlitz, mit ihrer Tigerstärke mit Bezug auf die Ausführung ihrer Widersachertaten gegen das Geistige. Es sind schon heute wahrhafte Wutanfälle da gegen das Geistige, aber das sind die ersten Keime.

Und so sehen wir, wie der Apokalyptiker das alles sah. Er sah es, weil er sah die Entfaltung des wahren Christentums als einer Sonnenangelegenheit – aber er sah diese Entwicklung mit der Gegensätzlichkeit der Sonnendämonie. Das schwebte ihm vor. Und auf das Hereintreten

- des *Michael* in die geistige Evolution der Menschheit mit dem Ende des 19. Jahrhunderts,
- des *ätherischen Christus* in der ersten Hälfte des 20. Jahrhunderts wird folgen das Hereintreten
- des *Sonnendämons* vor Ablauf dieses 20. Jahrhunderts.

Wir haben in diesem unserem Michael-Zeitalter, in dem wir leben, wenn wir gerade im Gebiet des Theologischen, der Religion arbeiten wollen, allen Grund, vor allem an der Apokalypse zu lernen, selbst apokalyptisch zu denken und zu empfinden und nicht kleben zu bleiben an dem, was bloß äußere Tatsache ist, sondern uns zu erheben zu den dahinterstehenden geistigen Impulsen.

Gebahnt wird der Weg für das Hereintreten der Dämonen, die Anhänger des großen Sorath-Dämons sind. Man braucht nur mit denjenigen verständigen Menschen zu sprechen, die etwas wissen zum Beispiel über den Ausgangspunkt des Weltkrieges. Man wird nicht Unrecht bekommen, wenn man sagt, dass die etwa 40 Menschen, die schuldig sind am Ausbruch dieses Weltkrieges, fast alle im Augenblick des Ausbruchs ein herabgedämpftes Bewusstsein hatten. Das ist aber immer das Eingangstor für ahrimanische Dämonenmächte, deren einer der größten Sorath ist.

Das sind die Versuche von Soraths Seite, zunächst wenigstens temporär in menschliche Bewusstseine einzudringen und Unheil zu stiften. Nicht der Weltkrieg, aber das, was folgte und was furchtbarer und immer furchtbarer werden wird, zum Beispiel die gegenwärtige Verfassung Russlands, das ist dasjenige, was angestrebt ist durch die in die Menschenseelen eindringenden Sorath-Geister.

Dass das so ist, müssen Sie wissen. Denn was hat in den Zeiten, in denen wahrhafte Spiritualität auf der Erde war, Priesterwirken bedeutet? Nie etwas anderes, meine lieben Freunde, als ein Wirken nicht bloß innerhalb der Erdenereignisse, sondern ein Wirken mit vollem Bewusstsein des Drinstehens in der geistigen Welt, des Verkehrs mit der Götterwelt. Und in keinem anderen Geist hat der Apokalyptiker seine Apokalypse verfasst. Der, der die Menschen geistig führen will, muss in das Geistige hineinschauen. Jedes Zeitalter muss das auf seine Art tun.

Wir brauchen nur die innere Gesetzmäßigkeit zu schauen, mit der die Reihenfolge der ägyptischen Pharaonen so logisch erscheint, und wir werden begreifen, wie diese Pharaonen nicht zufällig aufeinandergefolgt sind, sondern dass in uralten Schriften ihnen vorgeschrieben war, was jeder, der einem anderen folgte, als seine Aufgabe zu betrachten hatte, und dass der Impuls zum Formulieren seiner Aufgabe von dem ausging, was dann später mit Bezug auf das Ägyptische die hermetische Offenbarung, die Offenbarung des Hermes genannt wurde.

Sie war nicht so, wie man sie heute kennt, sondern so, dass diese Hermes-Weisheit zu den großen Mysterien gehört, wo man sprechen konnte von der Offenbarung als einer «dreimal höchsten» (trismegistos): einer Offenbarung vom Vater, einer Offenbarung vom Sohn und einer Offenbarung vom Heiligen Geist. Das alles weist darauf hin, dass es sich im Priestertum überall um ein Hereinwirken in die materielle Welt aus der geistigen Welt handelte.

Das muss, nachdem es eine Zeit lang gar nicht als Wahrheit empfunden werden konnte, aus der geistigen Welt heraus zu wirken, das muss wieder Priesterimpuls werden. Bei der Bildung, die von der Menschheit im Bewusstseinszeitalter allmählich angenommen worden ist, die auf allen Gebieten solche materialistischen Formen angenommen hat, war man weit davon entfernt, so etwas fassen zu können wie das Mysterium der Wandlung° und damit die geistigen Geheimnisse des Christentums.

Für den Einzelnen, der priesterlich zu wirken hat, bedeutet es gegenüber dieser Zeitbildung gar sehr eine Art von Unwahrheit, über die tiefen Mysterieninhalte zu sprechen, die mit so etwas wie der Wandlung° verbunden sind. Daher diese rationalistischen Diskussionen über die Wandlung°, wie sie eintreten im zweiten Sorath-Angriff und sich fortpflanzen bis zum dritten Sorath-Angriff.

Es hat gar keine Bedeutung, die Apokalypse lediglich so zu nehmen, dass man sie kommentiert, einen Kommentar über sie macht. Es hat einzig und allein einen Sinn, wenn man an der Apokalypse selbst zum Apokalyptiker wird und aus diesem Apokalyptiker-Werden seine Zeit so verstehen lernt, dass man die Impulse dieser Zeit zu Impulsen des eigenen Wirkens macht.

Da steht aber der Mensch in der Gegenwart auch mit dem priesterlichen Wirken gerade so drinnen, dass er hinschauen muss auf den Aufgang der Michael-Zeit in den 70er Jahren des vorigen Jahrhunderts, auf die Erscheinung des Christus in der ersten Hälfte des 20. Jahrhunderts und auf den bedrohlichen Aufstieg des Sorath am Ende des 20. Jahrhunderts.

Richten wir als verstehende Menschen, die die Zeichen der Zeit zu deuten wissen, unser Leben im Sinne dieser drei Mysterien unserer Zeit ein:

- des *Michael-Mysteriums,*
- des *Christus-Mysteriums* und
- des *Sorath-Mysteriums,*

dann werden wir auf dem Gebiet, das uns unser Karma angewiesen hat, in der richtigen Weise wirken – der Priester auf seinem priesterlichen Gebiet.

Daran wollen wir dann morgen anknüpfen.

Alte und neue Erde
Bauen von unten und von oben

Dornach, 13. September 1924

Meine lieben Freunde!

Wir werden jetzt, da wir eine Anzahl von Elementen zusammengetragen haben, um zum Lesen der Apokalypse zu kommen, die Apokalypse selbst mehr ins Auge zu fassen haben und dabei die Sache so gestalten, dass wir beginnen – es wird sich nachher schon zeigen, warum diese Disposition der Betrachtung gewählt werden soll –, dass wir beginnen bei einigen Fragen, die sich auf das Ende, das Ziel dessen beziehen, was der Apokalyptiker schaut und was er der Menschheit mitteilen will.

Wenn wir auf dasjenige hinschauen, was er gibt, so ist es eine Mitteilung an die Menschen, eine «Offenbarung» an die Menschen, aber eine Offenbarung, die sich wesentlich unterscheidet von dem, was auftritt, wenn andere, nicht aus der Hellsichtigkeit hervorgehende Mitteilungen an die Menschen gebracht werden.

Und so verweist der Apokalyptiker auch darauf, dass es ein besonderes Ereignis war, eine mächtige Erleuchtung war, aus der heraus er in der Lage ist, seine Mitteilungen an die Menschheit zu machen. Dadurch aber erscheint die Apokalypse als etwas, was in der christlichen Entwicklung, in dem Fortgang der christlichen Entwicklung als ein dazugehöriges Ereignis, eine dazugehörige Tatsache auftritt.

Der große, alles überragende Ausgangspunkt der christlichen Entwicklung auf der Erde, auf den vorher nur hingedeutet werden konnte, der früher nur erhofft werden konnte, das ist das Mysterium von Golgota selbst. Aber dann kommen die einzelnen Tatsachen, die geschehen müssen, damit vom Mysterium von Golgota die christliche Entwicklung durch alle Zeiten und Ewigkeiten fortläuft.

Eine solche Tatsache ist die Offenbarung, die durch die Apokalypse geschieht. Und der Verfasser der Apokalypse ist sich dessen auch völlig bewusst, dass er damit nicht nur in die Gegenwartsentwicklung hineinstellt, was er erfahren hat und den anderen mitteilt, sondern dass dasjenige, was im Empfangen und im weiteren Verbreiten der Apokalypse liegt, eine Tatsache ist.

Das ist gerade das Wichtige in der Unterscheidung des Christentums von anderen religiösen Bekenntnissen, dass man es in alten Religionsbekenntnissen zu tun hat mit Lehren, während in der christlichen Entwicklung die Tat von Golgota das Wesentliche ist, und dass weitere Taten zu diesem Wesentlichen hinzukommen müssen.

Daher ist es nicht von allererster, fundamentaler Bedeutung, dass der Mensch die Evangelien ausgelegt bekommt, sondern das Wesentliche ist, dass ein realer Zusammenhang mit dem Mysterium von Golgota durch das Christentum gesucht wird.

Unter dem Einfluss des Intellektualismus hat das Christentum in neuerer Zeit selbst intellektualistische Formen angenommen. Und so konnte so etwas entstehen wie der berühmte Ausspruch: Jesus gehört nicht in die Evangelien. Das heißt, man kann den Inhalt der Evangelien als Lehre nehmen und den dahinterstehenden Lehrer hat man nicht zu berücksichtigen, der kommt nicht in Betracht. Allein der Vater gehört in die Evangelien. Es ist so, als ob es beim Mysterium von Golgota im Wesentlichen nur darauf ankäme, dass der Jesus erschienen wäre und eine Lehre vom Vater gegeben hätte.

Das ist aber nicht das Wesentliche. Das Wesentliche ist, dass die Tat auf Golgota verrichtet worden ist, dass der Christus Jesus auf der Erde gelebt hat und die Tat auf Golgota verrichtet hat. Und die Lehre ist eben nur das Akzessorische, das Akzidentielle (Nebensächliche). Dazu muss sich das Christentum wieder durchringen, dies zu erkennen, aber es auch durchzuführen.

Und so ist sich der Apokalyptiker bewusst, dass er diese Offenbarung empfängt, dass diese Tatsache geschehen ist und dass er durch diese Tatsache weiterwirkt. Das ist es, worauf es ihm ankommt. Denn was geschieht dadurch fortlaufend?

Nicht wahr, formal betrachtet lebt der Mensch, namentlich wenn wir seinen heutigen Zustand betrachten, so, dass er während des Tages seine vier Glieder: physischen Leib, ätherischen Leib, astralischen Leib und Ich mit einer gewissen Normalität verbunden trägt. Wenn er im Schlafzustand ist, sind der astralische Leib und das Ich außerhalb des physischen und ätherischen Leibes, sie sind in der irdischen Umgebung, in dem Geistgebiet der irdischen Umgebung,

177

das hinter den sinnlich-physischen Erscheinungen ist. Sie sind beim heutigen Menschen nicht auf Wahrnehmbarkeit eingerichtet, das sind sie erst durch die Initiation.

Der Mensch lebt ein dumpfes Dasein im Schlaf, von dem er nur ein allgemeines Gefühl hat beim Erwachen, oder er schaut Träume, die auf die oft beschriebene Weise aus dem Schlaf auftauchen. Wenn wir uns aber nichts als dieses denken, dann haben wir auf der einen Seite in der geistigen Welt den astralischen Leib und das Ich des Menschen, die stehen in jener Welt drinnen, in welcher sie so, wie sie heute sind, keine Impressionen, keine unmittelbaren Impressionen von dem Christus und seiner Wesenheit erhalten können.

Wenn wir uns also nichts anderes denken als das, was ich jetzt erwähnt habe, würden das Ich und der astralische Leib jede Nacht in die geistige Welt hineingehen und würden darin keinen unmittelbaren Zusammenhang mit dem Christus haben, würden am Morgen wieder zurückkommen, wieder in dieses Irdisch-Physische zurückkommen und – da nun das Mysterium von Golgota im Laufe der Erdenevolution vor sich gegangen ist – einen Eindruck von dem Christus haben, denn der Christus ist da in der Erdenaura. Aber dieser Eindruck würde dumpf bleiben.

Geradeso, wie sonst die nächtlichen Eindrücke für den Tag dumpf bleiben, so würde dieser Eindruck, dass der Christus dem innewohnt, was im Schlaf als physischer Leib und Ätherleib daliegt, nur so wahrgenommen werden, wie der Schlafzustand vom Erwachenden wahrgenommen wird. Es würde kein deutliches, klares Erlebnis da sein können.

Wir stellen uns vor, dass, unmittelbar nachdem das Mysterium von Golgota auf der Erde vollendet war, Menschen da waren, welche die Sache miterlebt hatten, welche aus den unmittelbaren Eindrücken, die sie erlebt hatten, wiederum auf andere die unmittelbaren Wahrnehmungseindrücke vom Mysterium von Golgota übertragen konnten. Der Christus hat ja auch nach seiner Auferstehung seine Jünger in esoterische Schulung genommen, er gab ihnen manche bedeutsamen Lehren. Das alles pflanzte sich zunächst fort in den ersten Jahrzehnten, nachdem das Mysterium von Golgota vollendet war.

Das hätte einmal ein Ende nehmen müssen. Und wir sehen ja auch, wie es in gewissen Kreisen allmählich versiegt. Es gab in den als gnostisch verschrienen Schriften und sonstigen älteren Ausführungen der alten Kirchenlehrer, die noch Apostelschüler oder Schüler der Apostelschüler waren, gewaltige esoterische Lehren über das Christentum, die dann aber von der Kirche ausgerottet worden sind, weil die Kirche weghaben wollte dasjenige, was mit diesen Lehren immer verbunden war: das Kosmische.

Es sind ungeheuer bedeutsame Dinge von der Kirche vernichtet worden. Sie sind einfach vernichtet worden. Das Lesen in der Akasha-Chronik wird sie bis zum letzten i-Tüpfelchen wiederherstellen, wenn es an der Zeit sein wird, sie wiederherzustellen. Aber es wäre für die äußere historische Entwicklung dasjenige versiegt, was an großen Impressionen da war.

In dem Augenblick, wo das Versiegen drohte, war auch die Apokalypse da. Und wenn die Apokalypse richtig aufgenommen wird – und die Probe wurde gerade im zweiten Stadium, in der Zeit nach dem Mysterium von Golgota, von verschiedenen Menschen geliefert –, wenn die Apokalypse richtig aufgenommen wird, wenn dieses grandiose Bild, dieses weissagende Bild der Evolution aufgenommen wird, das heißt in den astralischen Leib und das Ich des Menschen eindringt, dann tragen das Ich und der astralische Leib in sich eine solche Offenbarung, die unmittelbar von der geistigen Welt selbst kommt, die eine Art von Brief ist, eine unmittelbare verbale Offenbarung aus der geistigen Welt, mit Visionen verknüpft.

Das in den astralischen Leib und in die Ich-Organisation aufgenommen und im schlafenden Zustand in die Welt der Erdenaura hinausgetragen, meine lieben Freunde, das bedeutet, dass allmählich von all denen, die diese Apokalypse mit innerem Verständnis aufgenommen haben, der Inhalt in den Äther der Erdenaura eingegraben wurde.

Sodass man sagen kann: Den Grundton innerhalb der Erdenaura gibt die Anwesenheit des Christus, der weiterwirkt in der Erdenaura. Dieser Christus-Impuls influenziert (beeinflusst) jede Nacht, wenn der astralische Leib und das Ich aus dem physischen und Ätherleib draußen sind, in tiefer Weise den Ätherleib des Menschen. Nur ist der Mensch meist nicht imstande, wenn er am Morgen mit seinem Ich und astralischem Leib in den physischen Leib zurückkehrt, dasjenige wiederzufinden, was da vom Christus-Impuls im ätherischen Leib enthalten ist.

Aber indem von den Schülern des Apokalyptikers der Inhalt der Apokalypse aufgenommen wird, gräbt er sich in den Äther der Erdenaura ein. Dann wirkt in den menschlichen Ätherleib vom Einschlafen bis zum Aufwachen dasjenige, was da eingegraben ist – eingegraben wurde schon durch die großen bedeutsamen Impressionen, die der Empfänger der Apokalypse selbst von den göttlich-geistigen Wesenheiten erhalten hat.

Sodass diejenigen Menschen, die eine Hinneigung zum Mysterium von Golgota haben, in ihren Schlafzuständen ihren Ätherleib dem Inhalt der Apokalypse aussetzen können. Es ist eine reale Tatsache: Man kann durch die nötige Christus-Gesinnung einen solchen Schlafzustand herbeiführen, dass das von dem Inhalt der Apokalypse im Erdenäther Bewirkte und in der Richtung der Christus-Evolution Liegende in den menschlichen Ätherleib eingegraben wird. Das ist der reale Vorgang. Das ist dasjenige, was als die fortwirkende Tat der Apokalypse-Offenbarung da ist.

Und man kann im priesterlichen Wirken zu dem, der einem in der Seelsorge anvertraut ist, sagen: Durch das Mysterium von Golgota ist der Christus in die Erdenevolution eingetreten. Er hat zunächst zur Vorbereitung die Evangelien bewirkt, damit die Menschen in ihren astralischen Leib und in ihr Ich den Inhalt der Evangelien hereinbekommen, damit ihr Inhalt in den astralischen Leib und in das Ich übergehen kann und damit die Menschen präpariert werden, den Christus-Impuls beim Schlafen in ihrem Ätherleib zu empfangen.

Dadurch aber, dass die Apokalypse in die christliche Entwicklung hineingestellt ist, dadurch wird in konkreter Weise dasjenige, was in der christlichen Evolution ist, was

181

durch die verschiedenen Epochen der Evolution, durch die Zukunftszeiten hindurch geschieht, dem Ätherleib des Menschen einverleibt.

Damit haben wir etwas, was den alten Mysterienlehren gegenüber in der Erdenevolution ein wesentlich Neues ist. Denn was haben die alten Mysterien eigentlich dem Initiierten vermittelt?

Sie haben ihm dasjenige vermittelt, in das man hineinschauen kann, wenn man das von Ewigkeit in der Welt Veranlagte in seiner geistigen Wesenheit überblickt, wenn man innerhalb des äußeren physischen Wirkens die von Ewigkeit in ihren Bahnen wirkende göttliche Wesenheit findet. Sodass der Initiierte der alten Mysterien gar nicht Anspruch darauf erhoben hat, etwas anderes in seinen Ätherleib hereinzubekommen als dasjenige, was man durch die Ergebnisse der Initiation in seinen Ätherleib hereinbekommt.

Der christliche Initiierte, er bleibt nicht dabei stehen. Er will dasjenige, was erst im Laufe der Zeit in die Erdentwicklung eingetreten ist, alles dasjenige, was mit dem Mysterium von Golgota und mit dem Christus zusammenhängt, in seinen Ätherleib aufnehmen. Sodass in der Offenbarung der Apokalypse eine beginnende Initiation für die Christenheit liegt. Diese Offenbarung ist eine Art beginnender Initiation nicht des Einzelnen, aber für die ganze Christenheit. Und der Einzelne kann sich dafür vorbereiten, dass er daran teilnehmen kann.

Damit aber ist der Weg erst eröffnet, um über das Vater- oder Natur-Prinzip hinauszukommen. Alle alte Initiation ist der Form nach eine Vater-Initiation, man suchte die Natur und den Geist in der Natur, und man konnte damit zufrieden sein. Denn der Mensch stand selbst in der Welt drinnen.

Nun ist der Christus da gewesen auf der Erde. Nun bleibt er da, er hat seine Tat verrichtet und bleibt da. Dasjenige, was durch das Mysterium von Golgota geschehen ist, kann man nicht bloß durch die alte Initiation in sich aufnehmen, sondern da muss man sich in eine Welt des Geistes erheben, die nicht diejenige ist, die durch die alten Mysterien strömte.

Was durch die alten Mysterien strömte, erhoffte bloß, dass das Mysterium von Golgota einmal durch die neuen Mysterien strömen sollte. Aber jetzt setzt sich der Mensch nicht durch die Natur, sondern unmittelbar durch den Geist mit dem Geist in Verbindung.

Der alte Initiierte wählte immer den Umweg über die Natur. Der neue Initiierte – das war nicht in den allerersten, aber in den späteren Jahrhunderten nach dem Mysterium von Golgota die Ansicht vieler halb oder teilweise Initiierter –, der neue Initiierte setzt sich in Verbindung mit dem Geistwesen der Welt durch dasjenige, was durch den Christus in die Welt eingeflossen ist, und durch dasjenige, was auf dem Christus aufgebaut hat.

So betrachtete ein solcher Initiierter die Apokalypse, so wurde sie damals betrachtet. Er betrachtete sie als etwas, von dem er so sprach:

- Die *Natur* ist der eine Weg, um in die geistige Welt hineinzukommen;

183

- das, was durch die *Apokalypse* an grandioser Weisheit offenbart ist, ist der andere Weg, um in die geistige Welt hineinzukommen.

Es ist das Bestürzend-Beglückende, wenn man in der geistigen Forschung nicht in den allerersten christlichen Jahrhunderten, aber in den etwas späteren, im 2. bis 6. Jahrhundert, wenn man da immer wieder auf Menschen trifft, die etwa sagen: «Die Natur ist groß» – sie meinen dasjenige, was man im Altertum von der Natur erkannte –, «aber das, was durch den oder die Apokalyptiker übersinnlich offenbart ist, ist ebenso groß oder noch größer!»

Denn die Natur führt zum Vater; dasjenige, was durch die Apokalyptiker eröffnet wird, führt durch den Sohn zum Geist. Einen unmittelbaren Weg zu dem reinen Geistigen suchte man durch so etwas wie die Apokalypse.

Damit aber war zu gleicher Zeit auf die wichtige Veränderung hingedeutet, die im Laufe der Menschheitsentwicklung eintreten muss und eintreten wird, wenn die Menschen sich würdig dazu machen. Man hatte es stark empfunden in alten Zeiten, dass der Mensch aus der geistigen Welt stammt, dass er aber eine Entwicklung gehabt hat, die ihn mit demjenigen stark verbindet, was ihm in der physisch-sinnlichen Welt entgegenkommt. Man hat stark diese Verbindung mit der physisch-sinnlichen Welt gefühlt, und man war der Ansicht, dass der Mensch gerade dadurch ein «sündiges», ein sündhaftes Wesen geworden ist, dass er sich mit der Materie verbindet, die in der Erde vorhanden ist.

Demgegenüber sollte eine andere Zeit vorbereitet werden und sie wird vom Apokalyptiker vorausgesehen und vorausverkündet.

Das rechte Bild dafür suchte er, die rechte Imagination suchte er, um dasjenige, was hinter diesem Geheimnis steckt, in imaginativen Bildern vor die Seelen hinzustellen. Und so fasst er zusammen und erneuert eine Vorstellung, die in der hebräischen Geheimlehre gang und gäbe war.

In der hebräischen Geheimlehre, da sagte man das Folgende: Seelen kommen aus der geistigen Welt. Diese Seelen, die aus der geistigen Welt kommen, umkleiden sich mit dem, was aus der Erde kommt. Wenn sie sich äußerlich, für die alleräußerlichsten Verrichtungen des Geistes, Häuser bauen, so entstehen Städte. Wenn sie aber die inneren Verrichtungen der menschlichen Seele umhüllen, so entsteht aus den Bausteinen der Erde der menschliche Leib. Es floss der Begriff des äußeren Wohnstätten-Bauens mit dem Begriff des eigenen Leib-Bauens zusammen.

Und das war ein schönes, ein wunderschönes Bild, weil es so sachlich begründet ist, dass man ein Haus als dasjenige ansah, in dem das mehr Erweiterte, Fortgesetzte seiner Taten und Seelenvorgänge, Seelenfunktionen seine Umhüllung findet, dass man, indem man das äußere Haus sah, darin die Hülle sah, darin das äußere Haus sah. Aber man hatte die Vorstellung, diese wunderschöne Vorstellung: Wenn ich äußerlich in einem Haus, das aus Erdenmaterie auferbaut ist, etwas tue und die Hausmauer, das ganze Haus, als eine Hülle brauche, so ist das nur die erweiterte, die verhärtete, sklerotisierte Fortsetzung dessen, was da ist, wenn ich die innersten Verrichtungen der Seele tue. Und das, was sich der Mensch als erstes Haus für die innersten Verrichtungen der Seele baut, das ist sein Körper.

Wenn er seinen Körper hat und das, was er da hat, weiter fortsetzt, so baut er sich das zweite Haus, das aus den Ingredienzien der Erde als das zweite Haus gebaut wird. Die Vorstellung war gang und gäbe, dass man den Körper wirklich als ein Haus ansah und das Haus als die erweiterte Hülle, die der Mensch sich anzieht hier in der physischen Erdenwelt.

Daher sah man in dem Hausbauen des Menschen etwas, was aus dem Körperbauen der Seele hervorgeht. Es war in älteren Zeiten der Mensch wirklich auch äußerlich stark mit dem zusammengewachsen, was sein Haus war, namentlich wenn er sich denken konnte: Nun, seinen Körper hat er, ebenso seine Haut. Und würde er jetzt im Verlauf seines Lebens noch eine andere Haut kriegen für die weitere Wirksamkeit der Seele, so wäre das ein Zelt (s. Zeichnung). Nur wächst das nicht, sondern er macht es sich selbst.

Nun hatte man gerade in der hebräischen Geheimlehre dieses, dass man den Zusammenfluss in dem Beherrschen des Irdischen, in der Aufnahme der irdischen Ingredienzien zur menschlichen Entwicklung, auf eine ganz bestimmte Art ansah. Sehen Sie, in Bezug auf das Physische wird man immer zugeben: Die Erde ist so eingerichtet, dass sie einen Nordpol hat, dass sich dort die Kälte sammelt. Man wird äußerlich, physisch-geografisch aus der Natur der Erde diesen Nordpol beschreiben und ihn als etwas Wesentliches der Erde ansehen.

Die hebräische Geheimlehre hat das auch mit dem gemacht, was an seelischer Tätigkeit in den Kräften der Erde steckt, und sah – im entsprechenden Sinne wie auf der Erde den Nordpol – das, wo alle Kultur zusammenfließt, wo also die Versammlung der vollkommensten «Häuser» ist, das sah sie in Jerusalem, in dem ganz konkreten Jerusalem. Das war der Pol für die Konzentrierung der äußeren Kultur um die Menschenseele herum, und seine Krönung war der Salomonische Tempel.

Nun fühlte man, dass das in der Evolution der Erde erschöpft ist. Und diejenigen, die etwas von der hebräischen Geheimlehre verstanden, die sahen in dem, was auf das Mysterium von Golgota folgte, in der Zerstörung Jerusalems, nicht nur ein äußeres Ereignis, durch die Römer bewirkt. Die Römer waren für sie die Handlanger der geistigen Mächte, die nur ausführten, was ganz im Plan der geistigen Mächte war.

Denn sie stellten sich vor: Diese Art, von der Erde aus die Ingredienzien zu suchen, um dem Menschen Leib und

Haus zu bauen, diese Art ist erschöpft. Indem Jerusalem zu seiner Größe gekommen ist, ist erschöpft alles das, was von der Erde aus an Substanz, an Materialität verwendet werden kann, um dem Menschen Leib und Haus zu bauen.

In das Christliche umgesetzt bedeutet diese hebräische Geheimlehre: Wäre das Mysterium von Golgota nicht geschehen, so wäre die Zerstörung Jerusalems dennoch gekommen. Aber es wäre nicht in diesen Untergang des mithilfe der Erde vom Menschenwesen Geschaffenen dasjenige hineingesetzt worden, was Neugestaltung ist.

Der Keim einer völlig neuen Gestaltung ist in Jerusalem hineingelegt, in das, was zum Untergang bestimmt war. Die Mutter Erde erstirbt in Jerusalem, die Tochter Erde lebt in der Erwartung eines anderen Keimes. Da werden dann nicht in derselben Weise durch Heranziehen der Ingredienzien aus der Erde Leiber und Häuser gebaut wie beim alten Jerusalem, das als die Krönung dessen dasteht, was auf der Erde vor sich geht, sondern ein «neues Jerusalem» erhebt sich als der geistige Pol des alten Jerusalem.

Nicht mehr wird man imstande sein, immer weniger wird man imstande sein, aus den Ingredienzien der Erde heraus so etwas zustande zu bringen wie das alte Jerusalem. Dafür aber tritt die andere Zeit ein, die im Keim veranlagt ist durch das Mysterium von Golgota. Die Menschen bekommen nunmehr «von oben herab» dasjenige, was sie im Inneren umhüllt, nicht mehr von außen (s. Zeichnung, nächste Seite). Die neue Stadt senkt sich von oben herab und gießt über die Erde das neue Jerusalem aus.

- Das *alte Jerusalem* war *aus der Erde* und ihren Stoffen,
- das *neue Jerusalem* ist *aus dem Himmel* und seinen geistigen Ingredienzien.

Sie werden eine solche Vorstellung merkwürdig finden gegenüber all dem, was in unserer Zeit gedacht wird und was Sie lernen konnten aus dem, was in unserer Zeit gedacht wird. Wie stellt man sich denn in unserer Zeit anatomisch-

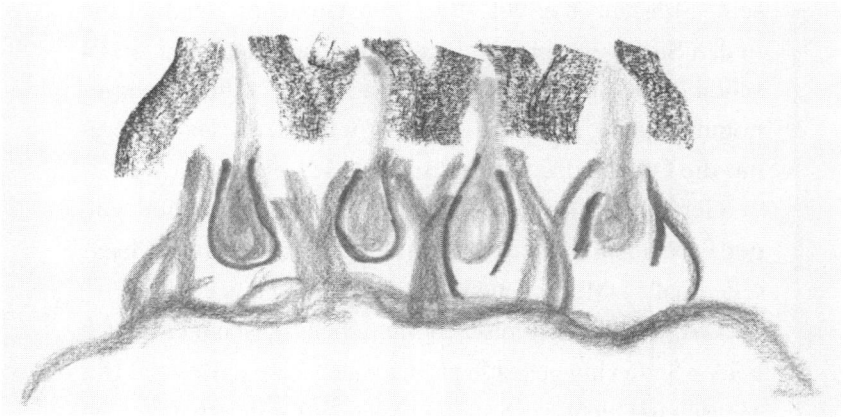

physiologisch den Menschen in seiner Entwicklung vor? Er isst, er bekommt die Stoffe der Nahrung in seinen Magen, verdaut sie, wirft gewisse Stoffe ab und ersetzt das, was ersetzt werden soll, durch die Stoffe, die er aufnimmt.

So ist es aber nicht, sondern der Mensch ist ein dreigliedriges Wesen, er ist ein Nerven-Sinnes-Mensch, ein rhythmischer Mensch und ein Stoffwechsel-Gliedmaßen-Mensch. In den Stoffwechsel-Gliedmaßen-Menschen geht gar nichts von dem hinein, was substanziell in den

Nahrungsmitteln liegt, sondern das nimmt alles der Nerven-Sinnes-Mensch auf. Der Nerven-Sinnes-Mensch nimmt das, was gebraucht wird an Salzen und an sonstigen Stoffen, aus dem, was immer fein verteilt ist in Luft und Licht. Das nimmt er auf und leitet es in den Stoffwechsel-Gliedmaßen-Menschen hinein.

Der wird ganz «von oben herab» genährt, es ist gar nicht wahr, dass der aus den physischen Nahrungsmitteln seine Substanzen erhält. Wenn Substanzielles von der Erde in den Stoffwechsel-Gliedmaßen-Menschen kommt, so ist schon die Krankheit da. Alles, was durch Nahrung aufgenommen wird, alles, was verdaut wird, alles das versorgt nur die Organe des Nerven-Sinnes-Menschen.

Gerade der Kopf ist dasjenige, was substanziell von der Erde aus gebildet wird. Die Organe des Stoffwechsel-Gliedmaßen-Menschen sind vom Himmel aus gebildet.

Das, was im rhythmischen Menschen ist, ist nur eine nach beiden Seiten hin gehende gröbere oder feinere Atmung. Der Mensch isst nicht den Sauerstoff der Luft, sondern atmet ihn ein. Das ist gröber als die Art, wie der Mensch durch seine Nerven und Sinne für den Stoffwechsel-Gliedmaßen-Menschen Substanzielles aufnimmt. Eine viel feinere Atmung ist es, wodurch der Mensch das aufnimmt, was er für den Stoffwechsel-Gliedmaßen-Menschen braucht. Die Atmung ist etwas Gröberes. Und was der Mensch mit dem Sauerstoff tut, Kohlensäure erzeugen, das ist wiederum nur etwas Feineres gegenüber dem, was geschieht, damit die Nahrungsmittel, die durch den Magen gehen, den Kopf versorgen können. Das ist im rhythmischen Menschen der Übergang.

Das ist die Wahrheit über den Bau des Menschen und seine Prozesse. Was heute in Anatomie und Physiologie gelehrt wird, ist vor dem Antlitz der Wahrheit ein Unsinn, durch die materialistische Anschauung herbeigeführt. In dem Augenblick, wo man so etwas weiß, weiß man, dass das, was den menschlichen Körper aufbaut, nicht nur von unten heraufkommt – vom Pflanzen-, Mineral- und Tierreich der Erde –, sondern dass gerade das, was seine oftmals als die gröbsten angesehenen Organe ernährt, das von oben Kommende ist.

Dann wird man sich vor allem klar vorstellen können, dass eine Art Überschuss in der Ernährung von unten da war bis zu der Zeit, wo Jerusalem zugrunde ging. Da beginnt wirklich mit dem Mysterium von Golgota allmählich wichtig zu werden ein Überschuss dessen, was von oben kommt.

Heute wird, wenn auch die Menschen in der genannten Art die Tatsachen verkehrt sehen, heute wird die Entwicklung, die Evolution so vollzogen, dass in vieler Beziehung an der Stelle der alten Ernährung von unten die Ernährung von oben die Hauptsache bildet. Damit wird der Mensch auch umgebildet.

Unser Kopf gleicht nicht mehr den Köpfen der Alten. Die Köpfe der Alten waren mehr so gebildet, dass sie eine etwas weiter zurückgehende Stirn hatten (s. Zeichnung). Die heutige Stirn ist hervortretend, das vordere Gehirn ist wichtiger geworden. Das ist schon die Umgestaltung, denn gerade das, was da wichtiger wird im Gehirn, ist den Verdauungsorganen ähnlicher als das, was darunterliegt. Das peripherische Gehirn ist den Verdauungsorganen des Menschen ähnlicher als die feinen Gewebe des helleren Gehirns, das heißt der weiteren Fortsetzung der Sinnesnerven gegen den Mittelpunkt des Kopfes hin. Denn von oben wird gerade das ernährt, was Organ des Stoffwechsels ist.

Die Dinge kann man bis ins Einzelne einsehen, wenn man den Willen hat, gegenüber gewissen Dingen so zu reden wie der Apokalyptiker, der sagt: Hier ist Weisheit. Nur ist in unserer gewöhnlichen Erkenntnis, die heute unter den Menschen lebt, nicht Weisheit, sondern Finsternis. Das, was man heute «Ergebnis der Wissenschaft» nennt, ist durchaus Ergebnis des Kali-Yuga (finsteres Zeitalter), die äußerste Verfinsterung der menschlichen Mentalität.

Das hat schon begonnen, es hat begonnen seit dem Mysterium von Golgota das Heranwachsen des neuen Jerusalem. Der Mensch wird, wenn seine Erdenzeit völlig erfüllt ist, dazu gekommen sein, dass er nicht nur durch seine Sinne in seinen eigenen Leib hineinarbeiten kann die Himmelssubstanz, sondern dass er diese Himmelssubstanz durch das, was man geistiges Wissen und Kunst nennt, auch ausdehnt auf das, was dann die äußere Stadt wird, auf die Fortsetzung des Leibes in dem Sinne, wie ich das auseinandergesetzt habe.

Das alte Jerusalem war von unten nach oben gebaut. Das neue Jerusalem wird ganz real von oben nach unten gebaut sein. Das ist die gewaltige Perspektive, die in einer

Vision, in einer überkolossalen Vision dem Apokalyptiker aufgegangen ist. Ihm geht dieses Gewaltige auf: Da steigt alles, was die Menschen bauen konnten, wie aus dem Erdboden nach oben auf und konzentriert sich in dem alten Jerusalem. Das hat ein Ende.

Er sah dieses Aufsteigen und dieses Abschmelzen in dem alten Jerusalem und er sah das Herabkommen der Menschenstadt, des neuen Jerusalem, von oben, von den geistigen Welten.

Das ist der Zielpunkt, die letzte Tendenz der Offenbarung der Apokalypse. Sie enthält in dieser Beziehung wirklich christliche Menschheitswege und christliche Menschheitsziele. Wenn wir uns bemühen, sie zu verstehen, so kommen wir bei der Apokalypse auf eine gewisse Eigentümlichkeit, die so manche Menschen ahnen, aber nicht ganz durchschauen können.

Wer sich ernstlich bemüht, die Apokalypse zu verstehen, kann gar nicht anders, als dass er sich sagt: Ja, wie mache ich das, wie komme ich da hinein, wie komme ich in eine solche Vorstellung wie vom alten und neuen Jerusalem hinein? Was tue ich, um da hineinzukommen?

Wer ernsthaft die Apokalypse verstehen will, kann nicht anders, als sich sagen: Ich kann doch nicht weiter bloß herumreden mit diesen Bildern, die zunächst keinen Inhalt für mich haben, ich muss in den Inhalt hineinkommen. Und um in den Inhalt hineinzukommen, braucht man eine Kosmologie und eine Menschheitsanschauung, wie sie nur durch eine neue Geisteswissenschaft gegeben werden kann, durch ein wirkliches Anschauen der geistigen Welt.

Man kommt durch die Apokalypse zur Geisteswissenschaft°, weil man das Mittel braucht, um sie zu verstehen, weil man merkt: Der Apokalyptiker hat die Apokalypse bekommen aus den Regionen, wo die Geisteswissenschaft° war, bevor sie zu den Menschen gekommen ist.

Deshalb braucht man notwendig diesen Zugang: Wenn man die Apokalypse ehrlich und ernst verstehen will, so muss man sie geisteswissenschaftlich° verstehen. Bei so etwas wie dem Endziel, wie dem neuen Jerusalem, merken wir es am allerstärksten. Wir müssen nur die Geheimnisse von dem Aufbau des Menschen von oben und von unten nicht wie in der Wissenschaft bloß kennen. Dann können wir diese Vorstellungen erweitern zu der gesamten Tätigkeit, die die Menschen auf der Erde verrichten, die auch eine von unten nach oben ist, die sich in eine von oben nach unten verwandelt.

Der Bau des alten Jerusalem wird sich verwandeln in den Geistesbau des neuen Jerusalem von oben nach unten. Und die Menschen sollen hineinwachsen in das, was geistig gebaut wird – nicht bloß in einem symbolisch-bildhaften Sinn gebaut wird, wie die biblischen Exegeten sagen, sondern so, dass der Geist uns so real wird, wie durch Jahrtausende das Physisch-Materielle war.

Wir werden, insofern wir dessen würdig sind, das neue Jerusalem nicht bloß als etwas Bildhaftes übernehmen, wie es die modernen Exegeten hinstellen, sondern als etwas, was so real von oben herunterdringt wie das, was als altes Jerusalem von unten herauf auf seine Füße zu stehen kam.

Das ist dasjenige, was festgehalten werden muss: Die Apokalypse enthält nicht bloß Bilder, sondern Hinweise auf ganz konkrete Tatsachen, auf das, was geschieht, nicht bloß auf das, was das Geschehen in Bildern andeuten soll. Das ist das Wichtige. So haben wir uns hineinzufühlen, hineinzufinden in die Apokalypse.

Davon dann morgen weiter.

Anhang A

Begrüßung von Rudolf Steiner

Wenn ich zunächst in Beantwortung der lieben Worte einiges zu sagen habe, so ist es dieses. Es war voll berechtigt, daß Sie im Namen der Priesterschaft diese Worte eben gesprochen haben, und man kann nicht immer sagen, daß das, was aus dem besten Willen heraus von Menschen gesprochen wird, voll berechtigt ist. In diesem Falle konnte es gesagt werden. Es wird das gesagt aus dem Grund, weil zu alle dem, was aus dem inneren spirituellen Impuls, der hier vom Goetheanum aus durch die anthroposophische Bewegung gehen soll, immer etwas hinzugehört, was weit hinausgeht über alles nicht nur theoretische Verstehen, sondern alles Verstehen überhaupt. Etwas was sich nähert dem, das man aussprechen kann damit: H e u t e   w e r d e n   f ü r   d i e   M e n s c h e n   d i e   A u f g a b e n   w i e - d e r   g r o ß .

Sie werden groß aus dem Grunde, weil die Kräfte jener Zeiten erschöpft sind, in denen es der Menschheit möglich war, sich mehr oder weniger von den Impulsen der alten Mysterien abzuwenden. Die Impulse der alten Mysterien haben ja göttliche Substanzen und göttliche Kräfte in voller Realität auf der Erde entfaltet. Die Menschheit mußte sich so entwickeln, daß eine Zeit kam, in der sie sich mehr oder weniger selbst überlassen war, und daß in dieser Zeit die göttlichen Substanzen und Kräfte nicht unmittelbar durch die Menschen auf der Erde wirken konnten. Die Kräfte, die in dieser Zwischenzeit menschlicher Ent-

197

wickelung durch die Erdenmenschheit gegangen sind, sie sind erschöpft. Und das ist vielleicht die allerbedeutsamste, wenn auch nicht die höchste, so doch wichtige und tief einschneidende okkulte Wahrheit, daß die Kräfte, die ohne die Mysterien innerhalb der Menschheitsevolution wirksam werden durften, erschöpft sind und daß die Menschheitsevolution nicht weitergeht, wenn nicht wieder Mysterienkräfte in sie einziehen.

Unter dem Einfluß dieser Wahrheit muß es namentlich gefühlt werden, wie etwas anderes als Verstehen heute notwendig ist für denjenigen, der in irgendeinem Zweige der anthroposophischen Bewegung aus der eigentlichen Spiritualität heraus heute wirken will. Es muß wieder etwas kommen von dem, was ähnlich ist dem Wirken in den alten Mysterien und das man bezeichnet hat mit dem opfernden Hingegebensein des ganzen Menschen, mit dem Aufgehen des ganzen Menschen in seiner Aufgabe.

Würde nicht deutlich zu sehen sein – und es ist eben deutlich zu sehen – daß innerhalb der Priesterschaft dieser Impuls in lauterer Innerlichkeit wirkend vorhanden ist, den ganzen Menschen opfernd hinzugeben für die Sache, die Sie als heilig erkannt haben, so würden Ihre Worte nicht die tiefe Wahrheit haben. Aber ich darf Ihnen vor allen den göttlichen Mächten, die unserer Sache leuchtend vorstehen, sagen: Ihre Worte, die Sie ausgesprochen haben von Ihrer Begeisterung und Hingabe an die Sache, sind volle reine lautere Wahrheit. Es war deutlich zu sehen, wie diese Priesterschaft als Ganzes von dem edelsten innerlichsten Streben beseelt war, die Opfer, die heute gebracht werden müssen, mit der inneren Spiritualität des Menschen, zur vollen Ausgestaltung zu bringen. Und es darf schon gesagt werden, daß dasjenige, was Sie getan haben, ist der Anfang zu demjenigen, was die göttliche Wesenheit der Welt befriedigen kann. Ich sage Ihnen damit ein gewichtiges Wort. Gewiß, Sie sind innerhalb Deutschlands geblieben mit Ihrer Wirksamkeit. Aber das ist geschehen aus Gründen, die wahrscheinlich doch in nicht allzu ferner Zeit in einer gewissen Art werden überwunden werden. Denn das Interesse an jener religiösen Erneuerung, das in Ihren Herzen geflammt hat als Sie hier zu mir gekommen sind zur Begründung Ihres priesterlichen Wirkens, ergreift die Seelen über weite außerdeutsche Gebiete hin. Und es wird ja nur von der inneren Kraft, die in Ihnen sein kann, abhängen, wie weit die Möglichkeit vorhanden ist, aus Deutschland hinauszukommen.

Natürlich kann man nur tiefbewegten Herzens daran denken, wie die Inauguration und Initiation mit der heiligen Menschenweihehandlung sich vor zwei Jahren hier vollzogen hat an der Stätte, aus der wir zuerst die Flammen herausschlagen sehen mußten, die dann unser geliebtes Goetheanum zerstört haben. Sie sehen heute an dieser Stätte gerade die tiefste Ausgrabung. Aber es ist ja auch tatsächlich durch Ihre schöne Hingabe dasjenige, was dazumal in dem dann von den Flammen zuerst verzehrten Raum geschehen ist, in eine rechte heilige Erdentat zu verwandeln begonnen worden.

Und wenn Sie mit dem heiligen Eifer, der zuerst Sie ergriffen hat, fortfahren werden, so werden die Impulse innerhalb Ihrer Priesterschaft sich in der rechten Weise entwickeln. Wir werden diesmal, wo Sie wiederum versammelt sind an diesem Ort, versammelt sind an diesem Ort in demjenigen Licht und derjenigen Wärme, die uns aus der Geisteswelt entgegengekommen ist durch die Weihnachtstagung, gewissermaßen als geistige Gegenleistung für die irdischen Verluste, die durch die Flammen bereitet worden sind, wichtige Fragen in dieser Zeit, die so manches was hier vorgegangen ist, erneuern können, zu besprechen haben; das zu besprechen haben, was wirklich geeignet sein kann, die Impulse Ihrer Seelen weiterzuführen.

Wir werden diesmal versuchen, an uns herantreten zu lassen den tiefen Gehalt der A p o k a l y p s e ; werden aber von der Betrachtung der Apokalypse ausgehend alles an unserer Seele vorüberziehen lassen, was gerade in diesem Augenblick für Ihre Priesterschaft von besonderer Wichtigkeit ist. Und wir werden das gerade durch die Betrachtung der Apokalypse in den Mittelpunkt unserer ganzen Arbeit hier setzen können, was dem priesterlichen Wirken den Sinn gibt: die M e n s c h e n w e i h e h a n d l u n g . Und so werden vor uns stehen auf der einen Seite die Menschenweihehandlung, und auf der anderen Seite die Apokalypse.

Mit einigen Worten wird es heute schon angedeutet werden, wie wir dies jetzt hier inaugurieren wollen oder durch diese Arbeit Ihre Priesterbewegung inaugurieren wollen. Und so werde ich aufsparen das, was im Laufe der Zeit zu sagen sein wird unmittelbar aus dem praktischen Bedürfnisse Ihres Priesterwirkens heraus, was da wird zu bringen sein über dieses praktische Priesterwirken, was an Rückblicken wird zu leisten sein für die Vergangenheit, an Ausblicken in die Zukunft, wollen wir versparen auf die Zeit, wo es sich an die innere Betrachtung anschließt, und heute zunächst vor Ihnen aussprechen, in welcher Art diese unsere Arbeit hier in den nächsten Tagen eingerichtet sein soll.

Und so begrüße ich Sie zunächst alle aus dem vollsten Herzen heraus im Namen aller der Mächte, die Sie hier vereinigt haben und von denen Sie wissen, daß es die Scharen der Christus nachfolgenden Mächte sind, welche geben möchten die rechte religiöse Impulsivität, die rechte theologische Einsicht, die rechten Impulse des Kultuswirkens demjenigen in der Gegenwart, was Sie aus dem tiefsten christlichen Sinne heraus religiös, theologisch, zeremoniell übernehmen möchten. In diesem Sinn wollen wir beisammen sein und aus diesem Sinn soll die Arbeit gestaltet werden, die wir nun zusammen vornehmen.[13]

---

13 An dieser Stelle beginnt in der Priesterfassung der «1. Vortrag» mit den Worten: «Wir gehen davon aus, daß (dass) wir ...» (s. S. 23).

Anhang B

Notizbucheintragungen[14]

Die Menschen-Weihehandlung:

1.) *Alte Mysterien:* Die Götter *stiegen* herab:
sie waren in den Substanzen da: Die Ceremonien
nach den ~~Sternen – magischen Worten~~ Sternen.
die Sterne bewirken die Metamorphose –:
Winter – Frühling – ~~Herbst~~ Sommer – Herbst: Differenz-
                                                    Zeiten

2.) *Halbalte Mysterien:* Die Götter *sandten* ihre
Kräfte: die Ceremonien nach der Alchymie –
                    (Fermente)

3.) *Halbneue Mysterien:* Die Menschen *finden* die
Kräfte: die Ceremonien nach den magischen
Worten. Aristoteles: er kennt die Kabirenwerke.

---

14   Jedes Feld gibt den Inhalt einer Seite des Notizbuches
wieder. Bei Kürzungen wird in Klammern ergänzt. Die Zeilen
entsprechen den Zeilen im Notizbuch. Was Rudolf Steiner un-
terstsrichen hat, wird kursiv gesetzt, was er gestrichen hat, wird
ebenfalls gestrichen. Die faksimilierten Felder werden nummeriert [Feld 1, 2, 3 usw.] und an den Ort ihres Vorkommens in den
Eintragungen gesetzt.

203

4.) *Neue Mysterien:* die Menschen steigen zu den
Göttern hinauf: die Ceremonien nach der
Einsicht der Priester. = Wiederhervorbringung
der Apokalypse in der Seele –

1.) Götter in der Apokalypse. –
2.) Wahrnehmen in der Verwandlung = Fühlen der
   Apokalypse.
3.) Abhören der Apokalypse
4.) Geistiges Erzeugen der Apokalypse

Apokalypse:

1.) Die Kräfte des phys(ischen) Leibes: sie geben
in ihren Verwandlungen die Sphäre des
reinen Geistes wieder: es wird ausgelöst
während sich kosmisch beeinflusst der
Stoff verwandelt der «göttliche Mensch» –
der Verg(angenheit) G(e)g(enwart) Z(u)k(un)ft wahrnimmt.
2.) Die Kräfte des aeth(erischen) Leibes: es wird
ausgelöst, während sich der Stoff unter
dem Einfluss des Astralischen verändert
der «geistige Mensch» –
3.) Die Kräfte des astralischen Leibes:
es wird ausgelöst, während der
Stoff unter dem Einfluss des Aetherischen
steht, der Mensch als kosm(ische) Intelligenz

[zu 1.)] Es wurde der Mensch zum Kosmos.
[zu 2.)] Es wurde der Mensch zur Planeten-
            Sphäre.
        Da wurde
[zu 3.)] Der Mensch als «himmlischer Mensch»
        auf Erden =

Der «Mensch»

Der «Mondenmensch»

Der «Sonnenmensch» – Michael

Der «Fixsternmensch» – Michael

1.) es wird anwesend im phys(ischen) Leib = Erde.
2.) es wird anwesend im Aetherleib = Wasser.
3.) Es wird anwesend im Astralleib = Rauch.
4.) Es soll anwesend werden im «Ich» – ~~Wä~~ Feuer.

1.) –: dadurch Erscheinung des
    «Vaters» – des tragenden Gottes
2.) dadurch Erscheinung des
    «Sonnengeistes» – des schöpferischen
                    Wortes. –
3.) Dadurch Erscheinung des
    «Mondengeistes». –
                Des «Wortes», das
                    hinaufgesandt wird

Sieh die Erscheinung Jesu Christi, gegeben
von Gott, dessen Dienern zu zeigen,
was ~~bald sich~~ im Laufe kurzer Zeiten
geschehen soll; ~~er hat sie gedeutet~~
                er hat sie ins Wort gebracht,
und gesandt durch seinen Engel an
den Diener Johannes –

Dieser hat bekräftigt des Gottes Wort,
und ~~das Zeugnis~~ die Erscheinung Jesu Christi, die er
gesehen hat.

Abendmahl halten =

24 Stühle   Älteste

Stuhl

gläsernes Meer
Vier Tiere – voll Augen

Der Mensch ist mehr denn alles Menschlich-
Gewordne. –
Die *24 Ältesten* = sie stellen die
einzelnen Stufen der Vollendung dar.

1.) *Ephesus* = 7 Leuchter
            erste Liebe verlassen
2.) *Smyrna* = war ist (wird sein)
            sind nicht Juden = Satans
                        Schule
3.) *Pergamus* = scharfe, zweischneidige Schwert
            Lehre Bil(e)ams
4.) *Thyatira* = Auge wie Feuerflamme,
            Füße wie Messing
            Isebel
5.) *Sardes* = sieben Geister Gottes und sieben
            Sterne –
            wachen

6.) *Philadelphia* = Wahrhaftige Schlüssel
Davids
Tempel Gottes
Namen Gottes

7.) *Laodicea* – Amen, der treue und
wahrhaftige Zeuge,
Anfang der Kreatur
Gottes

lau

Das Lamm empfängt das Buch mit
7 Siegeln –

1. Epoche nachatl(antisch): *Ephesisch* – Nicolaiten
Secte auf äußern Sinnenschein
gerichtet

2. Ep(oche): *Smyrna:* Persisch. –

3. Ep(oche): *Pergamus:* Hermeswort –

4. Ep(oche): Thyatira:

5. Ep(oche): Sardes: unsre Epoche:

6. Ep(oche):

7. Ep(oche):

        Siegel 1. weißes Pferd.   Bogen – sieghaft
             2. rotes Pferd   Frieden. Waage.
             3. schwarzes Pferd
             4. fahl: Tod.
             5. Seelen, die erwürgt waren
                 weißes Kleid.
             6. Erdbeben – Sonne verfinstert

Bewußtsein eingeengt:
Tod sehen im Leben: wie
er eingreift = wie ~~der~~ das
~~Schlaf~~ Wachen wegnimmt
die Kraft zu leben.
Eine Art Verbrennung
wahrnehmen.

             was ist die Sehnsucht nach
             Anthrop(osophie)? Verbrennung –
             Es entsteht CO^2 – zu viel –

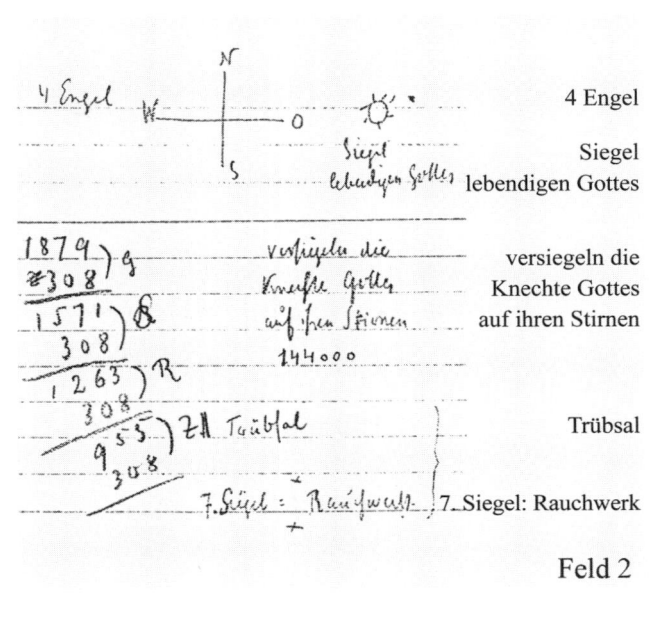

	4 Engel
	Siegel
	lebendigen Gottes
	versiegeln die
	Knechte Gottes
	auf ihren Stirnen
	Trübsal
	7. Siegel: Rauchwerk

Feld 2

Apokalypse:

1.) Das Ich erst mit dem Jahre 333 n. Chr. so
in Betracht kommend, dass nicht die Rede
mit Bezug auf die Gruppenseelen zu machen.

2.) Das Ich findet die Möglichkeit, seinen
Weg zu machen =

Das Ich, wenn es voll entwickelt ist, lebt *nicht*
im Körper, sondern es ist da: die Ich-Organisation.

2160
. 1080
  747
———
 333 *

2160 : 3 = 720

747
720
———
− 27

720
———
693 .

~~333~~

Feld 3

---

11. September 1924:

    333: es herrscht 323 – 337

    Konstantin der Große.

    325 Arianismus verworfen. – 1.)

    Athanasius: Dogma. – 2.)

      1.) der aufsteigende Mensch: *ähnlich*

      2.) Athanasius: *gleich*

es wird gespürt das Herandringen des «Ich»

es geht um die Innewohnung:

Constantinopel:

   666: Muawija: die Araber stellen

die Lehre ohne den *Sohn* dar: sie bringen

eine Lehre, die vorchristlich ist: Natur / dann

           Freiheit / dann die Wiederaufricht(un)g.

Es wird noch einmal an den Menschen die
Frage gestellt: wohin gehört das «Ich» –
Es können die Geister, die «oben» und
«unten» sind, jede Art für sich, sich des
Ich bemächtigen. – 333 v. Chr. Alexander löst
den gordischen *Knoten mit dem Schwert = Gordion.*

336 – 323 Alexander:/

747   720
27 –

gerade als das M(ysterium) v(on) G(olgatha) beginnt, zieht der
Seelenteil heran, der das «Ich» aufnehmen
kann – dieser Seelenteil, der ganz frei vom
Leibe ist: da wird eine geistige Luft erzeugt,
die dann bewirkt, daß die äusseren
Ereignisse von 333 an – nicht verstanden
werden – es beginnt der Drang der
Verinnerlichung –

400   200   6   60

ה   ר   ד   ס

Thau   ~~Dalet~~   Reß   Samech
Daleß

ס ד ר ה

Soradt

Sonnendämon: Er ist der Geist, der

Chr. und Mich. widerspricht.

666

$$\begin{array}{r} 747 \\ 666 \\ \hline 1413 \end{array} \cdot$$

$2160 : 7 = 308.$

Es wirkt ⅄ weiter fort; nach je 666 Jahren
1. Mohammed: er bringt durch seinen
Widerstand: ~~Gral~~. Woraus die Kirchenlehrer
des Mittelalters geschöpft!

Sonnendämon: Er ist der Geist, der
Chr(istus) und Mich(ael) widerstrebt.

Es wirkt [Soradt] weiter fort; nach je 666 Jahren
1. Mohammed: er bringt durch seinen
Widerstand: [~~Gral~~] Woraus die Kirchenlehrer
des Mittela ters geschöpft.

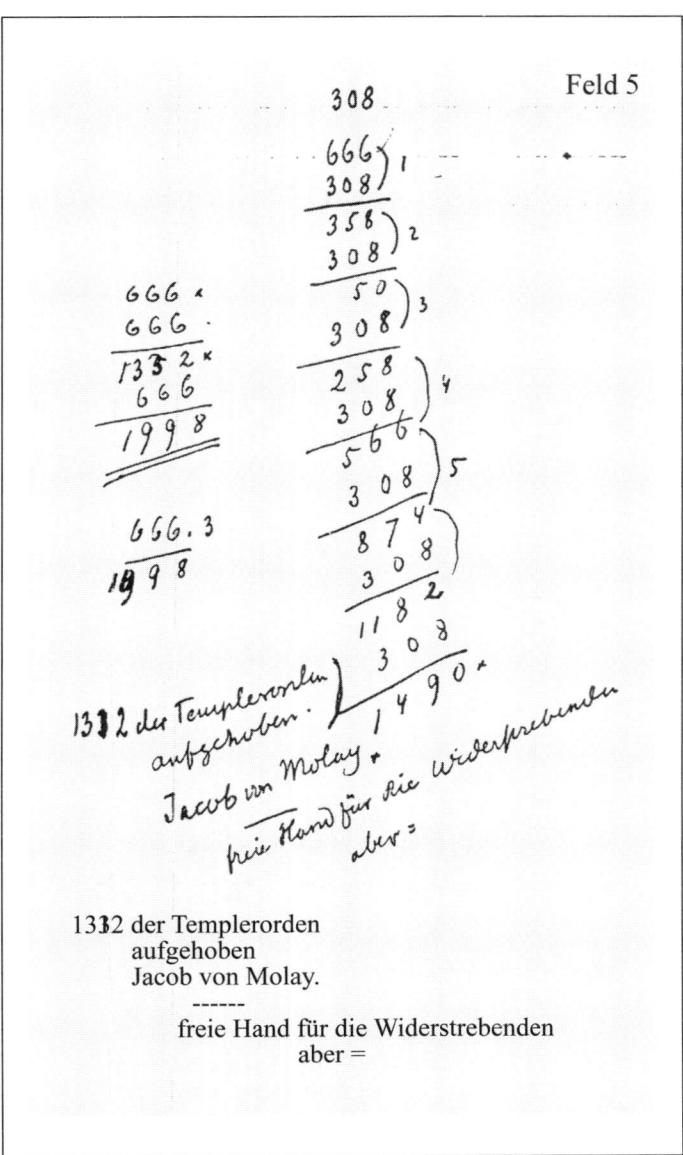

1332 der Templerorden
    aufgehoben
    Jacob von Molay.
    ------
        freie Hand für die Widerstrebenden
            aber =

Leben in dem Geistigen –.   Gral erwuchs. –

In dem Menschen: es involvierte das Wahre. –
          Siegel
          Posaunen

zunächst das Äussere 1.

Dann die Siegel.   2.

dann Posaunen.   3.

Es wächst zunächst der Gral in das
          Geistige hinein.

dann: er wird von den ⊕ [Rosenkreuzern] genommen.

---

13. September 24
Apokalypse

1.) Von einem Menschen so etwas wie
Apk! Sie steht dann durch die Echo-
Rückwirkung in dem Weltenäther – ~~durch~~
~~den~~

2.) Durch den astral(ischen) Leib und das Ich bekommt
der Mensch aufnehmend die Erdenkunde die
Möglichkeit, ~~zu lesen in den~~ dass die Welt-
Imaginationen = nachts auf seinen Ätherleib
wirken.–

3.) Chr(istus) in der Erden-Aura = da die
Geheimnisse –

4.) Neuer Himmel – neue Erde
Meer ist nicht mehr
Neue Jerusalem – vom Himmel /

Braut

Stimme: Gott mit den Menschen
Geburt und Tod – Krankheit vergangen –
Schreibe = !
Feuer und Schwefel = *andre Tod*
Weib
Jerusalem   heller Jaspis
12 Engel: Namen der
            12 Geschlechter Israels
        12 Tore
    12 Gründe = 12 Apostel
        Edelsteingründe
            Tempel = Gott
                Leuchter – Lamm

Menschenmaß!

Zu dieser Ausgabe

Die hier gedruckten Vorträge wurden vor Theologen gehalten. Sie lagen bisher in zwei Fassungen vor: die ursprüngliche Fassung der Priester der Christengemeinschaft (hier Priesterfassung genannt) und die Fassung von Band 346 der Rudolf Steiner Gesamtausgabe: *Vorträge und Kurse über christlich-religiöses Wirken, V, Apokalypse und Priesterwirken.* Den Herausgebern von GA 346, Ulla Trapp und Paul G. Bellmann, stand lediglich die Priesterfassung zur Verfügung, die sie vielfach beanstanden. Dabei wird ihr Mangel an fachlicher Kompetenz den Theologen gegenüber, die in Bezug auf den Inhalt dieser Vorträge «vom Fach» sind, vielfach deutlich.

Dem überlieferten Text muss eine einigermaßen gediegene stenografische Leistung zugrunde liegen. Die starke Redaktion zeigt ihrerseits Züge, die eine Ähnlichkeit mit der inzwischen dem Archiati Verlag vertraut gewordenen Redaktionsweise von Walter Vegelahn aufweisen. Eine ganze Reihe von Füllwörtern wurden für diese Ausgabe gestrichen, die die Lektüre nur erschweren und meistens gar keinen Sinn ergeben – wenn nicht sogar im Kontext widersinnig sind. Hier eine Liste von solchen Wörtern: allerdings, dann, das heißt, denn, dennoch, doch, durchaus, eben, eigentlich, einfach, etwa, gerade, gewissermaßen, gleichsam, ich möchte sagen, im Grunde genommen, in der Tat, in einem gewissen Sinne, ja, jedoch, man könnte (kann) sagen, namentlich, nämlich, nicht wahr, nun, nunmehr, sagen wir, schon, sehen Sie, sogenannte, sozusagen, überhaupt, und so weiter, vielleicht, wiederum, wirklich, zunächst, zwar; das (statt dasjenige), Sie (statt wir), vermag (statt kann), welche (statt die). Weitere Eigenheiten Vegelahn'scher Art sind: Erleben (statt Leben), Initiat (statt Eingeweihter), kann/können (hinzugefügt), Selbst (statt Ich), spirituell (statt geistig). Für diese Vorträge mit theologischem Inhalt kommen noch dazu: Johannes (statt Apokalyptiker), Priesterschaft (statt Priester).

Für die Notizbucheintragungen Rudolf Steiners: s. Rudolf Steiner, *Vorträge und Kurse über christlich-religiöses Wirken, V, Apokalypse und Priesterwirken*, S. 285-308. Für die Rechtslage in Bezug auf das von Rudolf Steiner Hervorgebrachte s. *www.archiati-verlag.de* (Rechtslage) insbesondere das Gerichtsurteil des Landgerichts München I vom 16.12.2005.

Eine prinzipielle Schwierigkeit ergibt sich für diese Vorträge aus der zweifachen Art der Anrede: In der Priesterfassung redet Steiner seine Zuhörer manchmal mit «Sie/Ihnen», manchmal mit «Ihr/Euch» an. Mehrere Gründe legen die Vermutung nahe, dass diesbezüglich redaktionell eingegriffen wurde. Das Hin- und Herwechseln zwischen «Sie/Ihnen» und «Ihr/Euch» ist nicht nur rhetorisch denkbar schlecht, sondern es hat auch eine suggestiv suggerierte Vertraulichkeit, die Rudolf Steiner schwer zugemutet werden kann, zumal er wiederholt gegenüber der Bewegung für religiöse Erneuerung betont hat, dass er als Außenstehender eine Hilfe leistet. Hinzu kommt die Tatsache, dass der ganze Vorstand der Anthroposophischen Gesellschaft auf Bitte von Rudolf Steiner anwesend war, sodass dieser zugleich als Vorstandsvorsitzender seine Zuhörer anspricht. Bei der Ihr-Euch-Anrede (und verstärkt beim Hin- und Herwechseln) könnte sich der Vorstand eher ausgeschlossen fühlen.

Inhaltlich sind die Sätze mit «Ihr/Euch» solche, die direkt die Priesterschaft der Christengemeinschaft betreffen und die Redaktion mag auch die zukünftige Ausbildung der angehenden Priester im Auge gehabt haben. Dieses Anliegen zeigt sich auch in den zahlreichen gesperrt gedruckten Sätzen, die die Priesterfassung enthält, und die das betonen, was der Redaktion besonders wichtig war.

In dieser Ausgabe sind die Stellen mit «Ihr/Euch»-Anrede (und einige Stellen, die auch nur die Priesterschaft der Christengemeinschaft betreffen) in den Fußnoten angeführt und ohne jede redaktionelle Bearbeitung in der Priesterfassung wiedergegeben. Dies soll dem Leser die Möglichkeit geben, sich ein eigenes Urteil darüber zu bilden, was von Rudolf Steiner stammen mag und was vielleicht nicht.

Von den Wortersetzungen sind für diese Ausgabe, die allen Menschen zugänglich sein möchte, zwei besonders wichtig: Menschenweihehandlung wird durch Messe° und Transsubstantiation durch Wandlung° ersetzt. Rudolf Steiner war der Meinung, dass das Wort «Messe» ganz gut ist, nur wollte er der neuen Priesterschaft ein Wort geben, das noch von keinem in Anspruch genommen worden ist. Transsubstantiation heißt Wandlung der Substanz, des Wesens. Für den deutschsprachigen Leser taugt hierfür das übliche Wort Wandlung vorzüglich. In Bezug auf das Wort «Golgatha», wie es bei Martin Luther gebräuchlich ist, wird hier eine Annäherung an die ältere aramäische Lautfolge – «golgolta», Schädel – vorgenommen, in der durch die Wiederholung der Silbe mit gleichem Vokal die Rundung des Schädels ausgedrückt wird. Solche Wortprägungen waren in der alten Zeit geläufig – so in purpur, turtur, barbar, murmur, wie auch noch im deutschen Kerker. Golgotha wäre noch besser als Golgota, nur ist diese Schreibweise im Duden nicht angeführt.

Für eine leichtere Lesbarkeit sind folgende **Wortersetzungen** vorgenommen worden (im Text durch ° gekennzeichnet):

Geisteswissenschaft°/lich°	*ersetzt*	Anthroposophie/isch
Messe°		Menschenweihehandlung
(nach)/unsere(r)° Zeitrechnung		Mysterium von Golgota/ (nach) Christus
Osten°		Orient
Wandlung°		Transsubstantiation

Die Vorträge Rudolf Steiners

Rudolf Steiner hat einige Tausend Vorträge, zahlreiche von ihnen öffentlich, vor den unterschiedlichsten Menschengruppen gehalten. Sie waren nicht für den Druck bestimmt, aber viele Menschen wollten seine Vorträge auch lesen. Dazu schreibt er in *Mein Lebensgang* (Kap. XXXV): «*Es wird eben nur hingenommen werden müssen, daß in den von mir nicht nachgesehenen Vorlagen sich Fehlerhaftes findet.*»

In einer Zeit ohne Tonbandgeräte war der Weg vom gesprochenen Wort zum gedruckten Buchstaben nicht einfach. Verschiedene Zuhörer haben mit unterschiedlicher Geschicklichkeit stenografiert, dann das Stenogramm in Klartext übertragen und unter Umständen redigiert. So heißt es zum Beispiel in GA 137 (HDD 2004, S. 233): «*Diese Ausgabe basierte auf der stenographischen Mitschrift von Franz Seiler, Berlin, welche im Auftrag Marie Steiner-von Sivers für den Druck korrigiert bzw. bearbeitet worden ist von Adolf Arenson.*» Eine solche Bearbeitung enthält zuweilen auch Erläuterungen oder Ergänzungen, die nicht von Steiner stammen.

Heute, ein Jahrhundert später, ist Rudolf Steiner zur historischen Figur geworden. Für viele Menschen ist nicht mehr wichtig oder maßgebend, was er in Bezug auf seine Vorträge während seines Lebens verfügt hat oder auch hinnehmen musste. Heute geht es darum, die «Quellenlage» zu erforschen und die vorhandenen Unterlagen interessierten Menschen zugänglich zu machen.

Alle redaktionellen Entscheidungen in dieser Ausgabe sind mit der Überzeugung getroffen worden, dass alle Menschen auf der Welt das Recht haben, alle Unterlagen zu prüfen, die dem Redakteur zur Verfügung standen. Es ist keineswegs zufällig, sondern es gehört vielleicht zum wichtigsten Karma der Menschheit, welche Nachschriften der Vorträge Rudolf Steiners erhalten geblieben sind. Nicht wenige Menschen sind heute daran interessiert, möglichst genau zu erfahren, was Rudolf Steiner gesagt hat. Sie möchten daher wissen, welche von den vorhandenen Unterlagen dem von Rudolf Steiner gesprochenen Wort am nächsten stehen. Um dies zu ermitteln, sind eine gewissenhafte Prüfung der Unterlagen und eine Vertrautheit mit Steiners Denk- und Sprechweise erforderlich.

Der Archiati Verlag ist bestrebt, einerseits so nah wie möglich an das von Rudolf Steiner Gesprochene heranzukommen und andererseits seine Geisteswissenschaft allen Menschen zugänglich zu machen, da es in ihrer Natur liegt, zum unmittelbaren Leben zu werden. Für das Erste sind die Original-Klartextübertragungen wichtig, für das Zweite sind unter anderem die Wahl der Texte und die Art der Redaktion, aber auch die Gestaltung und nicht zuletzt der Preis maßgebend.

Wie man wissenschaftliche Genauigkeit mit allgemeiner Zugänglichkeit verbinden kann, zeigt sich am Beispiel von Wörtern, die heute ungebräuchlich sind oder eine andere Bedeutung angenommen haben. Sie werden durch ein allgemein verständliches Wort ersetzt und mit einem hochgestellten kleinen Kreis (°) kenntlich gemacht – zum Beispiel beziehungsweise° für respektive, Klammer° für Parenthese, Westen° für Okzident. Am Ende des Textes findet der Leser die Liste der ersetzten Worte. Fremd- oder schwer verständliche Wörter werden zuweilen auch in Klammern «übersetzt». Der gebildete, über die Verbreitung einer modernen Geisteswissenschaft sich freuende Leser wird es begrüßen, dass solche Texte auf diese Weise möglichst vielen Menschen zugänglich gemacht werden.

Als Rudolf Steiner die Theosophische Gesellschaft verlassen musste, gab er die Anweisung, dass in seinen Vorträgen «Theosophie» und «theosophisch» durch «Anthroposophie» und «anthroposophisch» ersetzt werden. Es könnte jemand die Meinung vertreten, dass das eine Fälschung sei. Für Rudolf Steiner ist aber Geisteswissenschaft vor allem *Leben,* und um dem Leben zu dienen, muss man in Bezug auf die Terminologie beweglich bleiben. Immer wieder betonte er, dass die Terminologie reines Mittel zum Zweck ist.

Fachausdrücke der Geisteswissenschaft

Mensch- und Erdentwicklung

7 planetarische Zustände der Erde:	1. Saturn-, 2. Sonnen-, 3. Mond-Erde, 4. Erde (jetziger Planet), 5. Jupiter-, 6. Venus-, 7. Vulkan-Erde
7 geologische Epochen der jetzigen Erde:	1. Polarische, 2. hyperboräische, 3. lemurische Erdepoche 4. atlantische Erdepoche 5. nachatlantische (die jetzige), 6., 7. Erdepoche
7 Kulturperioden der «nachatlantischen» Zeit (je 2160 Jahre):	1. Indische, 2. persische, 3. ägypt.-chaldäische Kulturper. 4. griech.-römische Kulturperiode (747 v.–1413 n.Chr.); 5. unsere Kulturper. (1413–3573 n.Chr.), 6., 7. Kulturper.

Das Wesen des Menschen

3 Körper-Hüllen:	1. Physischer Körper 2. Ätherischer Körper, Ätherleib, Bildekräfteleib 3. Astralischer Körper, Astralleib, Empfindungsleib
3 Seelen-Kräfte:	1. Empfindungsseele 2. Gemüts- oder Verstandesseele 3. Bewusstseinsseele
3 Geistes-Glieder:	1. Geistselbst (höheres Ich) 2. Lebensgeist 3. Geistesmensch
Aus 9 wird 7:	1. Physischer Leib, 2. Ätherleib, 3. Astralleib, 4. Ich, 5. Geistselbst, 6. Lebensgeist, 7. Geistesmensch

Dreiheit in Mensch und Welt

Geistige Wesen:	Luzifer	Christus	Ahriman
Evangelium:	Diabolos	Streben nach Gleich- gewicht	Satanas
Geistig:	Spiritualismus		Materialismus
Seelisch:	Schwärmerei		Pedanterie
Physisch:	Entzündung		Sklerose
Moralisch:	hemmend	fördernd	hemmend

Naturelemente

Ätherwelt:	Wärmeäther	Lichtäther	Ton-/Zahlenäther	Lebensäther
Phys. Welt:	Wärme	Luft	Wasser	Erde
Unternatur:	Schwerkraft	Elektrizität	Magnetismus	Atomkraft
Naturgeister:	Salamander	Sylphen	Undinen	Gnomen

Stufen der Einweihung

1. Imagination:	Bilder sehen – in der Akasha-Chronik (Ätherwelt)
2. Inspiration:	Worte hören – in der Seelenwelt (Astralwelt)
3. Intuition:	Wesen erkennen – in der geistigen Welt (Devachan)

223

Rudolf Steiner (1861-1925) hat die moderne Naturwissenschaft durch eine umfassende Wissenschaft des Übersinnlich-Geistigen ergänzt.  Seine Geisteswissenschaft oder «Anthroposophie» ist in der heutigen Kultur eine einzigartige Herausforderung zur Überwindung des Materialismus, dieser leidvollen Sackgasse der Menschheitsentwicklung.

Steiners Geisteswissenschaft ist keine bloße Theorie. Ihre Fruchtbarkeit zeigt sie vor allem in der Erneuerung der verschiedenen Bereiche des Lebens: der Erziehung, der Medizin, der Kunst, der Religion, der Landwirtschaft, bis hin zu einer gesunden Dreigliederung des ganzen sozialen Organismus, in der Kultur, Rechtsleben und Wirtschaft genügend unabhängig voneinander gestaltet werden und sich gerade dadurch gegenseitig fördern können.

Von der etablierten Kultur ist Rudolf Steiner bis heute im Wesentlichen unberücksichtigt geblieben. Dies vielleicht deshalb, weil seine Geisteswissenschaft jeden Menschen, der sie ernst nimmt, früher oder später vor die Wahl zwischen Macht und Menschlichkeit, zwischen Geld und Geist stellt. Gerade in dieser Wahl liegt aber jene innere Erfahrung der Freiheit, die jeder Mensch sucht und die der Grundaussage des Christentums zufolge seit zweitausend Jahren allen Menschen möglich ist.

Es liegt in der Natur dieser Geisteswissenschaft, dass sie weder ein Massenphänomen noch eine elitäre Erscheinung sein kann: Einerseits kann sie nur der einzelne Mensch in seiner Freiheit ergreifen, andererseits kann dieser Einzelne in allen Schichten der Gesellschaft und in allen Völkern und Religionen der Menschheit seine Wurzeln haben.